선거제도의 변화와 17대 총선

선거제도의 변화와 17대 총선

조 진 만 · 최 준 영

한국학술정보㈜

항상 가까운 곳에서 묵묵히 저희들의 작업을 응원해준
가족들에게 이 책을 바칩니다.

서 문

17대 총선에서 새롭게 적용되었던 선거제도는 어떠한 정치적 효과를 이끌었을까? 17대 총선은 이전 선거와 비교하여 어떠한 차이를 보였을까? 17대 총선은 한국의 선거사에 있어서 어떠한 정치적 의미를 가질 수 있을까? 17대 총선 이후 한국의 선거는 어떠한 특징들을 보이며 전개될까? 17대 총선 이후 한국의 정치발전을 도모하기 위해서 우리가 준비해야 할 과제들은 무엇이 있을까? 이 책을 관통하고 있는 저자들의 문제의식이다.

마치 모든 스포츠 경기에 있어서 규칙이 중요하듯이 선거제도가 어떻게 설정되어 있는가 하는 문제는 대의민주주의의 과정과 결과의 측면에서 매우 중대한 정치적 의미를 함축하고 있다. 왜냐하면 대의민주주의 국가에서 선거제도는 그것이 어떻게 설정되어 있느냐에 따라 선거경쟁에서의 승자와 패자가 달라질 수도 있고, 유권자들의 정치참여 수준과 투표행태가 차이를 보일 수 있으며, 선거의 과정과 결과에 대한 출마자와 유권자의 평가가 차이를 보일 수 있기 때문이다. 또한 선거제도는 체제의 정통성과 안정성을 규정하는 중요한 요인으로서, 궁극적으로 현재 작동 중인 대의민주주의 질적 수준을 상당 부분 결정짓는 역할까지 담당하기도 한다. 따라서 정치학자들은 선거제도가 대의민주주의의 과정과 결과에 어떤 영향을 미치고 있으며, 만약 선거제도의 변화가 발생한 경우 그러한 변화가 대의민주주의의 운영에 있어서 어떠한 정치적 파급효과를 창출하였는가를 적실성 있게 분석하고 평가하는데 많은 노력을 경주하게 된다.

이와 같은 선거제도의 중요성을 전제로 했을 때, 지난 2004년에 치러진 17대 총선은 많은 정치학도들의 폭발적인 관심을 불러 모으기에 충분한 이유들을 지니고 있었다. 그 이유로 첫째, 17대 총선의 경우 정치권이 국민들의 정치개혁에 대한 염원을 수용하여 획기적인 정치관계법 개정을 단행한 이후에 실시되었다는 점을 들 수 있다. 민주화 이후 한국은 과거 독재정권의 유산인 금권선거, 부정선거, 동원선거, 조직선거의 고질적인 선거병폐를 해소하지 못하는 상황 속에서 민주주의 공고화를 실질적으로 달성하는데 많은 어려움을 겪어왔다. 한국의 정치인들은 선거에서 승리하기 위하여 대규모의 선거 기구와 조직을 상시적으로 유지하고 동원할 필요가 있었기 때문에 많은 정치자금을 필요로 하였다. 그리고 이러한 이유로 금품 수수 유혹에 취약할 수밖에 없었다. 즉 많은 정치자금을 필요로 하는 고비용의 선거구조 속에서 정경유착에 기반한 각종 선거 부정과 부패가 발생하여 정치권에 대한 국민들의 신뢰를 떨어뜨렸으며, 그 결과 선거 때마다 정치개혁에 대한 사회 각계각층의 요구들이 불거져 나왔다. 그러나 정치권은 자신들의 이해관계를 초월한 획기적인 정치개혁을 단행하지 못함으로써 국민들의 요구에 부응하지 못하는 모습을 보였다.

이와 같은 상황에서 17대 총선을 앞두고 불거져 나온 불법 대선자금 수사는 정치권으로 하여금 정치개혁에 대한 사회적 요구들을 더 이상 외면할 수 없게 만들었다. 그리고 그 결과 각 정당들은 중앙선거관리위원회가 제출한 정치관계법 개정안에 대하여 당초 상당한 불만이 있었음에도 불구하고 여론의 저항을 의식하여 이를 수용할 수밖에 없는 상황이 전개되었다. 그러므로 17대 총선의 경우 각종 당원행사에 대한 일체의 편의 제공 금지, 정당 연설회와 합동연설회 폐지, 지구당 사무실 폐지, 불법선거에 대한 50배 과태료와 포상금 제도 실시, 유급 선거운동원의 숫자 및 활동 제한, 정치자금 수입내역 및 기부자 명단 공개, 법인(기업) 및 단체의 정치자금 기부 원천 봉

쇄, 정치인 후원금 모금 한도액 축소, 정치자금법 위반자에 대한 궐석재판 진행 및 형량 강화 등과 같은 획기적인 정치관계법 개정을 단행하여 실시되었기 때문에 과거 어느 선거보다 돈 안 쓰는 깨끗한 선거문화를 정착하는데 큰 기여를 하게 되었다.

그러나 또 한편으로는 개정 정치관계법이 지나치게 선거운동을 규제하였다는 문제제기도 존재하였다. 구체적으로 어깨띠 착용 및 명함 배포는 후보자만 가능, 세 명 이상의 연호행위 금지, 자원봉사자에 대한 식비 제공 금지, 피켓을 사용한 선거운동 금지, 선거운동원과 자원봉사자들의 동일 복장 착용 금지, 문서·도화 등 인쇄물 등과 관련한 포괄적 제한금지, 서신과 전보에 의한 선거운동 금지, 시설물 성격의 선거운동물에 대한 포괄적 금지 등과 같은 정치관계법 조항들은 17대 총선이 실시된 이후에 선거운동의 자유를 심각하게 침해하는 비현실적인 규제였다는 비판이 제기되었다. 그리고 이러한 규제 중심의 비현실적인 정치관계법으로 인하여 17대 총선의 선거운동이 위축된 분위기 속에서 전개됨에 따라 후보자들과 유권자들이 직접적으로 접촉할 수 있는 기회가 부족하였다는 점이 문제점으로 지적되었다. 더욱이 17대 총선의 경우 개정 정치관계법이 국회에서 뒤늦게 통과되어 예비후보자제도가 제 기능을 발휘하지 못하였던 상황 속에서 실시됨에 따라 정치 신인들은 선거운동을 통하여 인지도를 높이는 데 크게 어려움을 겪었던 것도 사실이었다. 뿐만 아니라 개정 정치관계법은 국회의원이 향후 지역구활동과 의정활동을 수행함에 있어 많은 제약을 받을 수 있다는 점에서도 문제점이 지적되었다. 그리고 이러한 상황 속에서 17대 총선 이후 정치관계법을 현실에 맞게 다시 재개정할 필요가 있다는 주장들이 정치권을 중심으로 지속적으로 제기되었다.

그러므로 17대 총선에서 적용되었던 개정 정치관계법이 어떠한 효과를 발휘하였는가를 적실성 있게 분석하고 평가하는 작업은 중요한 의미를 갖는다. 뿐만 아니라 17대 총선 이후 진행될 수 있는 다양한 정치활동들에 대하여 개정 정치관계법이 어떠한 효과를 발휘하고 있는지를 분석할 수 있는 후속 연구도 진행시킬 필요가 있다. 즉 실질적으로 17대 총선에서 적용되었던 개정 정치관계법의 효과를 다각적으로 파악하기 위해서는 선거 이후 지역구 여론 수렴 및 대표 활동, 정책 연구와 제안 활동, 정당활동, 정치자금 모금 활동, 일상적 선거운동방식의 변화양상 등 다양한 차원에서 진행될 수 있는 정치활동들에 대한 효과를 파악할 필요가 있다. 왜냐하면 다양한 차원을 설정하여 지속적으로 정치관계법의 효과를 정확히 진단하고 문제점에 대한 올바른 처방책을 마련해나갈 때 한국의 민주주의 공고화 수준을 한 단계 끌어 올릴 수 있기 때문이다.

정치학자들이 17대 총선에 많은 관심을 가질 수밖에 없었던 두 번째 이유로 17대 총선이 한국의 정치지형을 크게 변화시켰다는 점을 들 수 있다. 17대 총선에서 여당인 열린우리당은 탄핵의 선거정국 속에서 과반수 이상의 의석을 확보함으로써 민주화 이후 한국정치의 전형적인 특징을 보였던 여소야대 분점정부의 출현을 방지하였다. 뿐만 아니라 17대 총선 이전까지 제도권 외의 진보세력으로만 존재하였던 민주노동당도 1인 2표 병립제의 도입에 따른 정당투표에서의 선전으로 원내 제3당의 위상을 가질 수 있게 되었다. 한편 한나라당의 경우 지역적 기반과 더불어 진보세력의 성장과 결집에 위기의식을 느낀 보수세력을 결집시킴으로써 상당한 수준의 지지를 유지할 수 있었지만 지역적 기반에만 의존하고 이데올로기적 대안세력의 이미지를 유권자들에게 심어주는 데 실패한 새천년민주당과 자유민주연합은 17대 총선에서 몰락의 길을 걷게 되었다. 그리고 전체적으로 볼 때 17대 총선은 새로운 정치에 대한 국민들의 열망을 각 정당이 적극적으로 수용하여 공천과정에서부터 정치신인들을 대거 기용하는 특징을 보임에 따라 전체 국회의원의 62.5%가 초선의원으로 구성되는 특징을 보이기도 하였다.

왜 이와 같은 중요한 선거변화가 17대 총선에서 발생하였는가에 대한 다각적인 고찰과 논의가 필요하다. 즉 노무현 대통령 탄핵소추안의 국회 가결이 17대 총선에 어떠한 영향을 미쳤는지, 집권 여당 내의 갈등이 심화되는 상황 속에서 지역성을 탈피하여 전국정당의 기치 하에 이념 경쟁에서의 선명성을 강조한 열린우리당의 창당과 정치적 성공은 어떻게 평가할 수 있는 지, 급진적 진보세력인 민주노동당이 지역적인 지지기반이 없음에도 불구하 고 이념적 공세에 기반한 지지계급 동원전략을 적극적으로 활용하여 전국적 으로 고른 득표율을 기록하면서 원내 제3당의 지위를 차지할 수 있었던 이 유는 무엇인지, 민주화 이후 지역주의의 중요한 축을 구성하였던 새천년민 주당과 자유민주연합은 왜 몰락하게 되었는지, 그리고 17대 총선에서 2002 년 대선 이후 대두되었던 세대와 이념의 균열이 더욱 중요하게 부각되어 지 역균열을 대체하고 있는 것은 아닌지 등에 대한 면밀한 고찰이 요구된다.

세 번째 이유로 17대 총선은 1인 2표 병립제 하에서 최초로 실시된 총선 이었다는 점을 들 수 있다. 새로운 선거제도의 도입은 유권자의 투표행태와 선거참여, 그리고 정당체계의 변화 등과 같은 정치적 효과와 관련하여 학자 들에게 다양한 연구거리와 논쟁점들을 제공한다. 이때 1인 2표 병립제의 도 입은 특히 유권자의 순수투표(sincere vote)와 전략적 투표(tactical vote), 그 리고 일관투표(straight vote)와 분할투표(ticket split vote)의 문제와 관련하여 학자들에게 흥미로운 연구과제를 제공하게 된다.

한국은 17대 총선이 실시되기 이전까지 유권자가 후보자에게 한 표를 행 사하는 1인 1표제를 채택하고 있었다. 이러한 이유로 이 시기 유권자들의 지지정당 결정요인을 분석하기 위해서는 후보자투표의 결과를 정당투표의 결과로 의제(擬制)할 수밖에 없는 한계를 가지고 있었다. 뿐만 아니라 이 시 기 1인 1표제는 단순다수 소선거구제에 기초하여 의석배분이 다수결적인 방 식으로 진행되었던 관계로 유권자가 자신의 표가 사표(死票)가 되는 것을 우려하여 후보자의 당선가능성을 고려한 전략적 투표행태를 보일 수 있다는 점에서도 유권자의 진정한 선호에 기반한 지지정당 결정요인을 분석하는데 어려움이 있었다. 하지만 17대 총선의 경우 1인 2표 병립제가 도입됨으로써 유권자들은 정당과 후보자에 각각 투표할 수 있는 기회를 제공받게 되었다. 그리고 비례적인 방식으로 의석이 배분되는 정당투표의 경우 유권자들은 당 선가능성에 대한 전략적 고려에서 벗어나 상대적으로 자유로운 입장에서 지지정당에 대한 직접적인 선호를 표명하는 순수투표를 할 수 있는 기회도 갖게 되었다. 다시 말해 17대 총선에서 1인 2표제의 도입은 후보자에 대한 투표를 정당에 대한 투표로 의제하지 않고, 단순다수 소선거구제에서 발생하는 제도적 효과와 심리적 효과의 문제에서 벗어나 유권자들이 지지정당을 결정하는데 어떠한 요인들이 직접적으로 영향을 미치는가를 분석할 수 있는 기회를 제공하게 되었다.

또한 1인 2표 병립제의 경우 1인 1표를 기반으로 하는 선거제도와 달리 유권자들이 정당과 후보자에게 각각 투표할 수 있다는 점에서 일관투표를 하였는지 분할투표를 하였는지의 여부가 정치적 결과를 결정짓는데 중요한 영향을 미칠 수 있었다. 즉 1인 2표 병립제에서 유권자는 일관투표를 할 것인지 아니면 분할투표를 할 것인지를 선택할 수 있기 때문에 투표결정을 함에 있어 1인 1표제와는 다른 차원의 다양한 고려를 하게 되며, 이것이 유권자의 투표행태에 미시적인 변화를 초래할 가능성이 높았다. 그리고 이러한 미시적 수준에서의 변화는 각 정당이 국회에서 대표되는 의석의 비중 내지는 정당체계의 변화와 같은 거시적인 차원의 선거결과에 영향을 미칠 수 있다는 점에서 중요한 정치적 의미를 갖게 되었다.

그러므로 17대 총선에서 새롭게 도입된 1인 2표 병립제가 유권자들의 투표행태에 어떠한 영향을 미쳤는가를 경험적으로 분석할 필요가 있다. 특히 1인 2표 병립제의 도입에 따라 유권자의 순수한 정당지지 선호를 파악할 수 있게 되었다는 점과 유권자의 일관투표와 분할투표 문제가 정치적 결과에 중요한 영향을 미칠 수 있었다는 점에서 이에 대한 다각적인 고찰을 진행시킬 필요가 있다고 판단된다.

이 책은 저자들의 이와 같은 문제의식과 질문들을 토대로 17대 총선을 대상으로 함께 공동작업을 한 결실들을 수정·보완하여 엮은 것이다. 먼저 이 책에서 저자들은 17대 총선의 선거제도 변화에 대한 평가와 관련하여 언론사, 방송사, 여론조사기관의 전문가집단 평가[1]와 17대 총선 출마자들의 평가[2]를 살펴보았다. 기존의 선거연구가 유권자들의 평가를 중심으로 진행된 측면이 강하였다는 점을 고려할 때 17대 총선의 현장을 지켜보고 참여하였던 전문가들과 출마자들이 17대 총선의 전반에 대하여 어떠한 평가를 내리고 있는가를 살펴보는 작업은 중요한 의미를 가질 수 있다고 사료된다. 왜냐하면 전문가집단의 경우 소수임에도 불구하고 특정 분야의 정보력과 분석력, 그리고 정책적 제안능력을 가지고 있다는 점에서 그들의 목소리를 경청할 필요가 있기 때문이다. 또한 출마자들의 경우에도 선거의 최일선에서 그 과정을 주도하고 경험하게 되기 때문에 선거제도의 문제점들을 누구보다도 잘 알 수 있다는 점에서 그들의 주장에 귀를 기울일 필요가 있다.

다음으로 이 책에서 저자들은 17대 총선의 선거변화와 관련하여 지역주의에 초점을 맞추어 그 변화가능성을 타진해보는 연구를 진행하였다.[3] 앞서 제기하였던 17대 총선의 선거변화는 궁극적으로 탄핵과 지역주의라는 커다란 두 개의 축을 중심으로 탄핵-지역정당(한나라당·새천년민주당·자유민주연합) 대 반탄핵-전국정당(열린우리당·민주노동당) 사이의 대립과 경쟁을 핵심으로 진행되었다고 볼 수 있다. 그리고 17대 총선에서 반탄핵-전국정당인 열린우리당과 민주노동당이 승리할 수 있었던 배경에는 2002년 대선 이후부터 중요하게 대두된 이념과 세대 균열의 영향력이 크게 작용하였다는 점을 부인하기 힘들다. 그러므로 17대 총선에서 이념과 세대의 균열이 유권

1) 이 부분에 대한 연구는 2004년에 중앙선거관리위원회의 지원을 받아 이루어졌다. 저자들의 초기 논문은 연세대학교 동서문제연구원과 서강대학교 국제지역연구소가 함께 제출한 『제17대 국회의원선거 평가와 정책 제안』 연구보고서에 "언론사와 방송사의 제17대 국회의원선거 평가"와 "여론조사기관의 제17대 국회의원선거 평가"라는 제목으로 게재되어 있다.
2) 17대 총선 출마자들의 평가는 2005년 『국가전략』 제11호 1호에 실린 저자들의 "선거 과정과 결과에 대한 당선자들과 낙선자들의 인식 차이: 제17대 국회의원선거 출마자 설문조사 결과를 중심으로" 논문을 수정·보완한 것이다. 이 논문은 2006년도에 한국갤럽과 한국조사연구학회가 공동으로 선정한 우수 학술논문으로 선정되어 상을 받는 행운을 누리기도 하였다. 이 논문의 공동저자인 이동윤 박사님이 흔쾌히 논문의 출판을 허락해주신 것에 대해 이 지면을 통하여 감사드립니다.
3) 이 연구는 2005년에 "지역균열의 변화 가능성에 대한 경험적 고찰: 제17대 국회의원선거에서 나타난 이념과 세대 균열의 효과를 중심으로"라는 제목의 논문으로 『한국정치학회보』 제39집 3호에 게재되었다.

자의 투표결정에 어떠한 영향을 미쳤으며, 그것이 민주화 이후 한국의 선거를 지배해왔던 지역균열과의 관계를 고려할 때 어떠한 정치적 함의를 가질 수 있겠는가를 경험적으로 분석하는 연구는 중요한 의미를 가질 수 있다고 판단된다.

마지막으로 이 책에서 저자들은 17대 총선에서 새롭게 도입된 1인 2표 병립제가 어떠한 특징과 정치적 효과를 발휘하였는가를 순수투표와 전략적 투표, 그리고 일관투표와 분할투표의 문제를 중심으로 고찰해보았다. 구체적으로 저자들은 1인 2표 병립제 하에서 유권자는 후보자에 대한 선호와 정당에 대한 선호의 차이에서 오는 고민에서 벗어나 분할투표를 할 수 있게 되었다는 점, 그리고 비례적인 방식으로 의석이 배분되는 정당투표의 경우 전략적 고려에서 벗어나 순수투표를 할 수 있게 되었다는 점이 특징적으로 나타나게 되었다고 지적하고 있다. 그리고 이러한 이유로 17대 총선의 경우 유권자의 일관투표와 분할투표의 여부가 선거결과에 중요한 영향을 미칠 수 있다는 점과 1인 1표제 하에서 후보자에 대한 투표를 정당에 대한 투표로 의제하지 않고 순수한 정당지지 결정요인을 분석할 수 있게 되었다는 점에서 이에 대한 연구의 필요성을 제기하고 경험적인 검증을 시도하였다.[4]

연구하는 것을 업(業)으로 삼고 있는 학자에게 있어서 관심 분야를 함께 고민할 수 있는 동료를 가까이에 두고 지내는 것만큼 기쁜 일도 없을 것이다. 저자들은 2년이라는 짧지 않은 시간 동안 연세대학교 리더십센터에서 아침부터 저녁 늦게까지 함께 일하고 공부할 수 있는 즐거움을 만끽하였다.

---

4) 저자들은 17대 총선에서 새롭게 도입된 1인 2표 병립제와 관련하여 두 편의 논문을 학술지에 게재하였으며, 이들 논문을 수정·보완하여 이 책에 실었다. 하나는 17대 총선에서 유권자들이 어떠한 요인들에 영향을 받아 일관투표와 분할투표 여부를 결정하였는가를 경험적으로 분석한 연구로 2006년 『한국정치학회보』 제40집 1호에 "1인 2표 병립제의 도입과 유권자의 투표행태: 일관투표와 분할투표의 결정요인 분석"이라는 제목으로 게재되었다. 다른 하나는 17대 총선의 정당투표에서 유권자들이 어떠한 요인들에 영향을 받아 지지정당을 결정하게 되었는가를 경험적으로 분석한 연구로 2006년에 "17대 총선에 나타난 정당투표 결정요인 분석"이라는 제목으로 『정치·정보연구』 제9권 1호에 실렸다.

그리고 이 책은 이 시기 저자들이 서로의 생각을 지속적으로 토론하고 부족한 부분들을 함께 보완해가면서 이룬 조그마한 성과들의 모음이자 추억이기도 하다. 아직도 부족한 부분들이 많지만 저자들이 17대 총선을 연구하면서 느꼈던 고민들을 관심이 있는 사람들과 함께 나누고 싶은 생각에 용기를 내어 책을 출판하게 되었다. 부디 많은 분들이 저자들의 우둔함을 애정 어린 질책과 비판으로 깨우쳐주기를 기대한다. 마지막으로 일일이 다 거론하기는 힘들지만 항상 저자들의 연구를 격려해주었던 가족, 은사님, 선·후배 및 동료 정치학자분들께 이 지면을 통하여 감사드린다는 말을 전하고 싶다. 그리고 바쁜 일정에도 불구하고 이 책의 출판을 위하여 많이 노력해주신 한국학술정보(주) 관계자분들께도 고마움을 전한다.

2006년 12월

조 진 만 · 최 준 영

목 차

제1장

언론사와 방송사의 17대 총선 평가

I. 서 론

　17대 총선은 선거가 실시되기 이전 대통령 탄핵소추안이 국회에서 가결됨에 따라 정치상황이 매우 긴박하게 전개되는 상황 속에서 실시되었다. 정부와 여당은 대통령 탄핵소추안 가결의 부당성을 지적하며 대통령이 다시 복귀하여 정상적인 국정운영을 하기 위해서는 선거에서 반드시 승리해야 한다는 점을 피력하면서 전력을 다하였다. 그리고 탄핵 역풍으로 고전하였던 야당들의 경우에도 거대 여당 출현에 대한 우려감과 견제의 필요성 등을 강조하면서 최선의 노력을 경주하는 모습을 보였다. 즉 17대 총선에서 여당과 야당은 모두 선거 이전 매우 긴박하게 전개된 정치상황 속에서 정치적 사활을 걸고 치열하게 경쟁하는 모습을 보여주었다.

　또한 17대 총선은 그 어느 때보다도 국민들의 정치개혁의 요구들을 정치권이 충실하게 수용하여 정치관계법을 대폭 개정한 상황 속에서 실시되었다. 그리고 그 영향으로 17대 총선의 경우 과거 어느 선거보다 엄격한 법 규정과 강화된 단속 속에서 공정한 선거가 진행됨에 따라 돈 안 쓰는 깨끗한 선거문화를 정착하는 데 큰 기여를 하게 되었다.

　선거결과 여당인 열린우리당이 과반수의 의석을 확보함으로써 민주화 이후 전형적인 특징을 보였던 여소야대의 분점정부 형태가 사라지게 되었다. 그리고 1인 2표 병립제(이하 1인 2표제)가 새롭게 도입됨에 따라 제도권 외의 진보세력으로만 존재하였던 민주노동당이 원내 제3당의 위상을 가질 수 있게 되었다. 한나라당의 경우 지역적 기반과 더불어 진보세력의 성장과 결집에 위기의식을 느낀 보수 세력을 결집시킴으로써 상당한 수준의 지지를 유지할 수 있었지만 지역적 기반에만 의존하고 이데올로기적 대안세력의 이미지를 유권자들에게 심어주는 데 실패한 새천년민주당과 자유민주연합은 몰락하게 되었다. 뿐만 아니라 17대 총선은 새로운 정치에 대한 국민들의 열망을 각 정당이 적극적으로 수용하여 공천과정에서부터 정치신인들을 대거 기용하는 특징을 보이기도 하였다. 그리고 그 결과 17대 국회는 62.5%의 초선의원으로 구성되어 출범하게 되었다.

종합적으로 17대 총선은 한국정치사에서 중요한 의미를 갖는 '중대선거' (*critical election*)(Key 1955)로 평가되고 있다(강원택 2004; 김일영 2004). 선거의 과정과 결과에 있어서 다양한 시도가 이루어졌으며 많은 변화를 목격할 수 있었던 선거였다. 그렇다면 사회 각계각층에서는, 특히 17대 총선과 관련하여 전문 분야에 종사하면서 선거과정의 전반을 목격하였던 인사들은 17대 총선을 어떻게 평가하고 있는가 하는 의문이 제기된다. 즉 한국의 선거문화를 좀더 발전적인 방향으로 정착시키기 위해서는 17대 총선의 과정과 결과에 대한 전문가집단의 평가가 어떠한 유사점과 차이점을 보이는지, 그리고 이들 전문가의 정책적 제안은 무엇인가를 다각적으로 파악할 필요가 있다.[1] 이에 이 장에서는 다양한 전문가집단들 중 언론사와 방송사가 지난 17대 총선을 어떻게 평가하고 있는가를 분석해보고자 한다.

연구 방법과 관련하여 연구자는 언론사를 선정함에 있어서는 보도성향을 고려하여 진보적인 성향을 보이는 「한겨레신문」과 보수적인 성향을 보이는 「조선일보」를 선정하였다. 그리고 정치부 기자로서 17대 총선 당시 현장취

---

1) 전문가집단의 평가는 소수의 평가라는 점에도 불구하고 해당 분야의 전문가로서 적실성 있는 평가를 할 수 있다는 장점을 갖는다. 그러므로 외국에서는 전문가집단의 평가를 중심으로 진행된 연구들이 상당수 존재한다(Budge 2000; Huber and Inglehart 1995; Castles and Mair 1984).

재를 담당하였던 기자들에게 17대 총선 평가를 의뢰하였다. 방송사의 경우 공영방송국인 한국방송(KBS)과 지방방송국으로서 가장 규모가 큰 경인방송 (iTV)을 선정하여 17대 총선 당시 취재와 제작을 담당하였던 기자와 제작자 에게 17대 총선에 대한 평가를 의뢰하였다. 그리고 평가자와 다른 언론사에 소속된 정치부 기자와 17대 총선 당시 후보자 토론회의 사회자로 활약하였 던 정치학자를 섭외하여 총선 평가자들의 답변내용 중 타당성이 떨어진다고 판단되는 부분들과 의견을 달리하는 부분들에 대한 논평을 부탁하였다.

평가 작업은 연구자가 세부 평가항목별[2])로 질문을 작성하여 답변을 받는 식으로 이루어졌으며 좀더 보충이 필요한 부분들에 대해서는 추가적인 답변 을 받았다. 연구자는 평가자들에게 소속된 기관의 전반적인 평가를 고려하 여 답변서를 작성해주기를 당부하였다. 답변서의 내용은 긍정적인 측면과 부정적인 측면, 그리고 이전 선거와의 차이 등을 고려하여 가능한 경우 평 가 근거 내지는 대안을 함께 제시하여 작성해줄 것을 요구하였다.[3])

II. 선거환경에 대한 평가

선거환경에 대한 평가와 관련하여 연구자는 평가자들에게 후보자 공천과

---

2) 구체적인 세부항목은 다음과 같다: ① 선거환경(후보자 공천, 선거쟁점), ② 선거문 화(지역주의, 금권선거, 조직선거, 후보자간 비방 및 흑색선전, 언론보도, 기타 선거 운동), ③ 선거제도(개정 정치관계법의 영향, 문제점, 개선방안), ④ 선거의 과정 및 결과(후보자 당락 결정요인, 선거갈등 양상, 정치신인 선거운동), ⑤ 선거관리위원회 활동(선거감독, 사무처리, 후보자 정보 제공 및 검증).
3) 연구를 수행하는 과정에서 까다롭고 많은 질문들에 대하여 유익하고 자세한 답변을 해주신 김영배 기자님, 이명진 기자님, 김현석 기자님, 이정민 기자님, 장세종 제작 자님, 이준한 교수님께 감사드립니다.

선거쟁점에 대하여 질문하였다. 먼저 연구자는 후보자 공천의 경우 17대 총
선에서 각 정당들이 시행하였던 다양한 공천방식들, 예를 들어 당원 경선,
국민 경선, 여론조사를 통한 당의 추천, 경선+여론조사, 후보자 토론회 심
사, 중앙당 공천 등에 대하여 어떻게 생각하는지, 그리고 이전 총선과 비교
하여 보다 민주적인 공천이 이루어졌다고 생각하는지의 여부를 질문하였다.

이에 평가자들은 후보자 공천 문제와 관련하여 상향식·개방형 공천과 다
양한 집단을 대변할 수 있는 인사들이 공천을 받을 수 있는 정치환경을 구
축하는 것이 민주주의의 공고화를 달성하기 위해 필요하다는 점에 동감하였
다. 그리고 17대 총선의 경우 정치권 물갈이에 대한 국민들의 요구가 거센
상황 속에서 각 정당들은 경쟁적으로 개혁공천을 추진하고자 노력하였다고
평가하였다.

평가자들은 주요 정당들의 경우 다수 외부인사들이 포진하였던 독립적인
공천심사위원회가 후보자 공천을 주도하였다는 점과 다양한 형태의 경선제
도를 시범적으로 운용하였다는 점을 들어 과거 정당지도자와 중앙당 중심의
후보자 공천 행태에서 상당 수준 벗어나는 특징을 보였다고 평가하였다. 특
히 주요 정당들의 비례대표의원 공천을 살펴보면 다양한 분야의 전문가들이
상당히 많이 포진되어 있었다는 점에서 과거 '전국구'(錢國區) 의원이라는
오명에서 벗어날 수 있을 만큼 개혁적인 공천이 이루어졌다고 평가하였다.

하지만 17대 총선에서 새롭게 시도된 경선제도와 관련하여 평가자들은 다
양한 문제점들을 지적하기도 하였다. 첫째, 정치관계법 개정이 늦어짐에 따
라 새로운 정치관계법의 적용을 받지 않는 상황 속에서 후보자 경선이 진행
되어 각종 선거부정이 많았다는 점을 지적하였다. 제한된 인원으로 실시되
는 당원 경선제도의 경우 금권·동원선거의 유인을 가질 수 있다는 점[4]에서
향후 제도적 보완이 필요하다고 지적하였다. 둘째, 실제로 경선이 실시된 경
우가 적었다는 점도 문제점으로 지적하였다. 한나라당의 경우 경선으로 지

---

4) 당원 경선제도의 경우 경선 참여자의 수가 적기 때문에 후보자의 입장에서는 조금
   만 동원하여도 당락에 중요한 영향을 미칠 수 있다고 생각할 수 있다.

구당 위원장을 선출하는 과정에서 많은 문제점이 발생함에 따라 고육책(苦肉策)으로 다른 방식을 채택하여 후보자를 공천하는 모습을 보였다. 그리고 열린우리당의 경우에도 가장 많은 선거법 위반사례를 기록하였는데 그 대부분이 경선과정에서 발생하였다. 셋째, 진성당원이 부족한 상황에서 실시된 경선이라는 문제점이 있었다고 지적하였다. 진성당원이 부족하다보니 자발적인 경선 참여가 이루어지지 못함에 따라 각종 부정한 수단으로 동원된 참가자들을 중심으로 경선이 진행되어 선거사범 양산, 경선 후유증과 잡음 등과 같은 많은 문제점들이 나타났다는 점, 그리고 이로 인하여 본선거의 경쟁력을 감안한다는 명분하에 불특정 유권자들을 대상으로 한 여론조사[5] 경선과 같은 변형된 방식을 통하여 후보자를 공천하였다는 점 등이 문제점으로 지적되었다. 넷째, 경선에 대한 준비 부족의 문제점도 지적되었다. 즉 평가자들은 각 정당이 '경선=개혁공천'이라는 인식하에 개혁 이미지를 선점하기 위해서 과학적이고 체계적인 경선제도 마련과 당원 및 대의원 교육 등과 같은 노력을 도외시한 채 경선을 진행하였다는 점을 문제점으로 지적하였다.

이처럼 17대 총선의 경우 후보자 경선과정에서 다수의 문제점들이 발생하였기 때문에 연구자는 평가자들에게 각 정당의 경선과정을 선거관리위원회가 관리·감독하는 것에 대해서는 어떻게 생각하는가에 대하여 질문하였다. 이에 평가자들은 전체적으로 다음의 근거들을 들어 선거관리위원회가 정당의 경선과정을 관리·감독할 필요가 있다고 주장하였다.

첫째, 경선관리의 공정성·객관성을 확보함으로써 경선의 결과에 승복하는 정치문화를 마련할 필요가 있다는 점을 지적하였다. 둘째, 경선의 후유증과 폐단, 그리고 경선을 기피하는 정당들의 행태를 고려할 때 바람직한 형태의 경선제도의 정착과 확대를 위해서라도 선거관리위원회가 경선과정을

---

5) 평가자들은 여론조사 결과에 기초한 경선의 경우 금권선거를 차단할 수 있는 장점을 갖지만 불특정 유권자들을 대상으로 여론조사가 진행된다는 점에서 역선택의 문제, 즉 특정 정당을 지지하는 유권자가 여론조사에 임할 경우 상대방 후보자에 대하여 유력 후보자가 아닌 다른 후보자를 선택하는 문제가 제기될 수 있다고 지적하였다.

관리·감독할 필요가 있다고 강조하였다. 셋째, 선거공영제의 관점에서 볼 때도 선거관리위원회의 경선 관리는 필요하다고 지적하였다.

다만 어느 수준까지 선거관리위원회가 정당의 경선과정에 개입할 것인가의 문제에 대해서 평가자들은 조심스러운 평가를 내리는 모습을 보였다. 또한 선거관리위원회가 정당의 경선과정을 관리·감독한다면 경선과정의 혼탁양상을 방지하고 투명성을 높일 수 있는 장점을 갖지만 기본적으로 경선은 정당의 정치행사라는 점에서 선거관리위원회의 경선 관리는 좀더 재고(再考)의 여지가 있다는 평가도 있었다. 즉 경선과정의 혼탁양상과 부작용을 최소화하는 책임은 기본적으로 각 정당에 있으며, 이와 같은 문제점들을 해결하기 위한 자정(自淨)의 노력을 정당들이 외면할 경우 선거에서 유권자의 엄중한 심판을 받게 될 것이기 때문에 선거관리위원회의 경선 관리·감독의 문제는 좀더 신중하게 논의될 필요가 있다는 의견이 있었다.

다음으로 선거쟁점과 관련하여 17대 총선에서 부각되었던 다양한 쟁점들, 예를 들어 탄핵, 노인폄하 발언, 지역주의, 정책선거, 낙천·낙선운동 등의 쟁점들이 선거결과에 어떠한 영향을 미쳤다고 생각하는가를 질문하였다. 먼저 탄핵 쟁점의 경우 평가자들은 한결같이 17대 총선의 결과에 가장 중요한 영향을 미친 변수로 지적하였다.[6] 다만 탄핵이라는 거대쟁점이 선거과정을 지배함에 따라 정책과 인물에 대한 평가를 기반으로 한 선거가 이루어지지 못하였다는 점이 아쉬움으로 남았고, 열린우리당이 일정 수준 무임승차를 통하여 원내 다수당이 될 수 있었다는 평가도 나왔다.

열린우리당 정동영 의장의 노인폄하 발언의 경우 선거 막판에 중요 쟁점으로 부각되었지만 실질적인 효과는 그리 크지 않았던 것으로 평가되었다. 왜냐하면 정동영 의장의 노인폄하 발언에 큰 반감을 가졌던 노년층과 보수층 유권자들의 경우 당초 열린우리당을 지지할 가능성이 적은 유권자로 간주할 수 있었기 때문이다. 즉 정동영 의장의 노인폄하 발언은 노년층과 보

---

6) 실제로 여론조사 결과 탄핵 쟁점은 과반수(50.5%)의 유권자들이 지지 후보자를 결정하는 데 가장 큰 영향을 미친 요인으로 평가하였다(한겨레신문 2004 / 04 / 19).

수층 유권자들을 결집시키고, 열린우리당을 지지하였던 부동층 유권자 일부의 이탈을 유도하였을 가능성은 존재하였지만 그 효과는 제한적이었을 것이라는 평가가 지배적이었다.

지역주의 쟁점의 경우 여전히 유효한 영향력을 발휘하였다고 볼 수 있지만 과거와 비교하여 상당 수준 약화되고 변화를 목격할 수 있었다는 평가가 지배적이었다. 즉 평가자들은 한나라당 박근혜 대표 바람의 기저에는 지역주의가 존재하였다는 점과 영남과 호남 지역 사이의 배타적 지역정서는 큰 변화를 보이지 않았다는 점에서 지역주의 쟁점은 여전히 유효하였지만 과거의 맹목적 지역주의가 정책적 판단 - 예를 들어 행정수도 이전 공약에 따른 열린우리당의 충청지역 석권 - 과 이념적 성향, 그리고 세대간 분열 등에 기반하여 변화되는 특징을 보였다는 점에 주목하였다. 특히 선명노선을 기치로 정책정당을 표방하였던 민주노동당이 전국적으로 고른 지지를 얻었던 점과 열린우리당이 경남과 부산 지역에서 일정 수준 선전 - 특히 정당투표에 있어서 - 하는 모습을 보였다는 점, 그리고 기존의 대표적 지역정당인 새천년민주당과 자유민주연합이 많은 의석을 상실하였다는 점 등을 고려할 때 지역주의의 영향력은 상당 수준 감소하고 변화된 것으로 볼 수 있다고 평가하였다.

정책선거와 관련 17대 총선의 경우 탄핵이라는 거대쟁점이 선거과정을 지배함으로써 정책선거가 제대로 이루어지지 못하였다는 점에 평가자들은 동감하였다. 그리고 각 정당들이 정치적 공세를 중심으로 선거운동을 진행시켰을 뿐만 아니라 민주노동당을 제외하고 실질적으로 주요 정당들의 정책적 공약이 큰 차이를 보이지 않아 유권자의 선택에 별 영향을 못 미친 것도 사실이라고 지적되었다. 즉 평가자들은 17대 총선의 경우 정책선거가 이루어질 선거상황이 아니었다는 점은 인정되지만 실질적으로 각 정당들이 차별화된 정책을 개발하여 제시하는 데 있어서도 부족함이 많았다고 평가하였다.

16대 총선에서 선거결과에 중요한 영향을 미쳤던 시민단체의 낙천·낙선운동의 경우 17대 총선에서는 그 영향력이 크지 않았던 것으로 평가되었다.

그 이유로 평가자들은 여러 성향의 시민단체가 서로 다른 기준들을 통하여 낙천·낙선대상자들을 발표함에 따라, 즉 16대 총선과 달리 시민단체의 낙천·낙선운동이 분화된 모습을 보임으로써 유권자의 선택에 영향을 주지 못하였다는 점을 지적하였다. 또한 16대 총선 때와 달리 17대 총선의 경우 낙천·낙선대상자 선정기준의 적합성 문제 등이 제기되었고, 탄핵 쟁점이 선거과정을 지배하는 상황 속에서 일반 국민들로부터 과거와 같은 전폭적인 지지를 받지 못하였다고 지적하였다.

Ⅲ. 선거문화에 대한 평가

선거문화에 대한 평가와 관련하여 연구자는 평가자들에게 지역주의, 금권선거, 조직선거, 후보자간 비방 및 흑색선전, 언론보도, 기타 선거운동과 관련한 특이사항에 대하여 질문하였다. 먼저 지역주의의 경우 지역주의가 17대 총선에 어떤 영향을 미쳤는지, 그리고 과거의 선거와 비교하여 지역주의는 강화되었는지 아니면 감소되었는지의 여부를 질문하였다. 이에 평가자들은 앞서 선거환경에 대한 평가에서 언급한 바 있듯이 여전히 지역주의적 요소가 선거결과에 상당한 영향을 미친 것으로 볼 수 있지만 다양한 측면에서 과거의 맹목적 지역주의와는 차별화된 특징들이 나타났다고 평가하였다. 그리고 영남지역과 호남지역의 지역주의를 근저로 한 동서분할적 지역구도의 경우 과거와 달리 맹목적인 지역감정에 기반을 둔 것이 아니라 이념적 요인이 중첩되어 구축되는 특징을 보였기 때문에 상당 기간 이와 같은 지역구도는 유지될 가능성이 높을 것으로 전망하였다.

금권선거에 대해서는 17대 총선에서 금권선거가 많이 사라졌다는 주장에 대하여 어떻게 생각하는지, 그리고 후보자는 돈을 적게 썼지만 유권자들의 금품 요구는 여전하였다는 주장에 대해서는 어떻게 생각하는지에 대하여 질문하였다. 평가자들은 17대 총선의 경우 과태료와 포상금 제도가 시행되고, 선거관리위원회와 경찰이 강도 높은 단속을 실시함으로써 돈 안 쓰는 선거 문화의 기틀을 마련하는 데 크게 기여하였다고 평가하였다. 특히 평가자들은 17대 총선에서 금권선거의 병폐를 해결하는 데 돈을 준 측과 받은 측 모두에 대해 쌍방향적 처벌이 가능하였던 과태료 제도와 포상금 제도가 가장 주효(主效)한 역할을 하였다는 점에 의견을 일치하였다.[7]

그리고 각종 당원행사에 일체의 편의제공을 금지시킨 점과 선거관리위원회가 금권선거와 관련하여 유권자의 신고를 유도하고 선거 후 실사를 제도화한 점도 금권선거를 차단하는 데 중요한 기여를 한 것으로 평가되었다. 선거현장을 취재하였던 기자들의 경우에도 금권선거와 관련된 제보를 많이 받지 못하였으며[8], 후보자와 캠프 관계자들이 식사비를 따로따로 계산하는 모습을 보일 정도로 선거비용 지출과 관련해서 매우 주의하는 모습을 보였다고 평가하였다.

다만 일부 유권자들과 선거브로커들이 후보자에게 금품을 요구하는 경우는 존재하였던 것이 사실[9]이었으며, 특히 경선과정에서 금권선거의 논란이 많았다는 점은 향후 보완할 부분이라고 평가자들은 지적하였다. 그럼에도 불구하고 평가자들은 전반적으로 금권선거에 대한 유권자들의 의식수준이 과거와 비교하여 많이 향상되고 변화되었기 때문에 개정된 정치관계법을 적

---

7) 중앙선거관리위원회가 실시한 17대 총선 유권자 의식조사 결과 응답자의 90.2%가 과태료·포상금 제도를 알고 있다고 응답하였으며, 이 제도가 효과가 있었다고 평가한 응답자도 68.6%에 달하였다. 즉 17대 총선에서 과태료·포상금 제도의 경우 선거관리위원회가 잘 홍보하였고, 이것이 금권선거를 근절하는 데 큰 효과를 발휘하였던 것으로 판단된다.

8) 실제로 평가자들이 17대 총선을 취재하는 과정에서 받았던 금품 수수 관련 제보들의 상당수가 잘못된 제보였다고 한다.

9) 17대 총선 출마자 설문조사 결과 출마자의 26.0%가 유권자로부터 향응과 식사 요구를 받은 적이 '많이' 또는 '제법' 있었다고 응답하였다.

용하여 몇 번의 선거가 진행된다면 돈 안 쓰는 선거는 제도적 수준에서 뿐만 아니라 문화적·의식적 수준에서도 정착될 수 있을 것으로 전망하였다.

조직선거와 관련해서는 과거의 선거와 비교하여 17대 총선에서 조직선거 (동원선거와 관권선거)가 줄었다는 점에 대하여 어떻게 생각하는지를 질문하였다. 이에 평가자들은 17대 총선의 경우 법적·제도적인 차원에서 후보자들이 돈을 쓸 수 없도록 만들었다는 점뿐만 아니라 정당연설회 및 합동연설회 폐지 등을 통하여 조직동원의 필요성을 감소시켰다는 점에서 과거와 같은 조직선거의 모습은 나타나질 않았다고 평가하였다. 그리고 유권자들의 경우에도 타인의 권유보다는 스스로의 판단을 통하여 후보자를 결정하는 행태를 보임으로써 조직선거의 영향력이 감소하는 특징을 보였다고 평가하였다.

다만 평가자들은 공식 선거기간과 달리 경선기간 중에는 조직의 동원이 이루어지는 양상이 많이 전개되었다는 점에서 문제를 제기하였다. 또한 조직선거가 감소함에 따라 생겨날 수 있는 후보자와 유권자간 접촉기회의 감소 문제[10]를 미디어선거의 활성화를 통하여 해결할 필요가 있음에도 불구하고 17대 총선에서 미디어선거가 많이 활성화되지 못하였다는 점과 인터넷선거의 발전에도 불구하고 노장년층과 농어촌 유권자들의 경우 인터넷 활용도가 떨어져 선거와 관련한 정보를 취득하는 데 있어 제한적일 수밖에 없었다는 점도 문제로 제기하였다. 그리고 돈 안 쓰는 선거문화가 정착된다면 일정 수준 법적인 규제들을 완화해서 유권자들이 다양한 경로로 후보자들에 대한 정보를 취득함으로써 선거에 관심을 갖게 하고 투표에 참여할 수 있도록 유도할 필요가 있다는 주장도 제기되었다.

후보자 비방 문제와 관련해서는 17대 총선에서 후보자들 간 흑색선전 및 상대 후보자 비방이 줄어들었다는 주장에 대하여 어떻게 생각하는지를 질문

---

10) 17대 총선 출마자 설문조사 결과 출마자의 76.6%가 개정 정치관계법 적용으로 인하여 유권자와 접촉하는 데 어려움을 겪었다고 응답하였다. 또한 선거과정에서 겪었던 어려움이 무엇이었는가를 물었던 개방형 질문에 대해서도 출마자들은 무엇보다도 홍보 활동의 제한과 유권자 접촉의 어려움(22.5%)을 지적하였다.

하였다. 이에 평가자들은 17대 총선의 경우 과거 선거와 비교하여 오프라인
(off-line) 영역에서의 후보자 비방 문제는 많이 해결되었지만 온라인(on-line)
영역에서의 후보자 비방 문제는 보다 심화되는 특징을 보였다고 평가하였다.

실제로 오프라인 영역의 경우 합동연설회가 폐지되는 등 후보자 비방을
할 수 있는 기회와 무대 자체가 많이 줄어들었고, 선거관리위원회와 경찰이
강도 높은 단속을 실시하였기 때문에 흑색선전과 비방이 용이하지 않았던
것이 사실이다. 그리고 이러한 점은 17대 총선의 경우 과거의 선거와 비교
하여 선거기간 동안 중앙선거관리위원회에 흑색선전과 비방으로 고발된 건
수가 상대적으로 많이 줄었다는 점을 통해서도 일정 수준 증명된다. 하지만
온라인 영역에서의 흑색선전과 비방은 오히려 정교화되고 심화된 측면이 있
다는 점에서 문제가 제기되었다. 실제로 17대 총선에서 인터넷을 이용한 불
법선거운동 건수는 278건으로 16대 총선의 25건과 비교하여 11배 이상 대
폭 증가하였다. 그리고 선거관리위원회가 정식으로 조치하지 않고 삭제를
요구한 경우도 12,044건에 달하였다(세계일보 2004 / 04 / 16).

다만 평가자들은 유권자들의 의식수준이 향상되어 점차 흑색선전과 비방
을 앞세워 네거티브 선거전략을 펼친 후보자들에 대한 유권자들의 지지가
감소되는 추세를 보이고 있기 때문에 궁극적으로 흑색선전과 비방을 하는
후보자가 당선되기 어려운 정치환경이 구축되어 갈 것으로 전망하였다. 이
밖에 평가자들은 후보자간 흑색선전과 비방은 감소하였던 반면 정당간 흑색
선전과 비방은 감소하지 않았다는 점을 문제로 제기하였다.

언론보도와 관련해서는 언론사와 방송사의 보도가 선거에 어떠한 영향을
미친다고 생각하는지를 질문하였다. 일단 평가자들은 17대 총선의 경우 미
디어선거를 지향함에 따라 방송사의 영향력이 가장 클 수밖에 없었다고 지
적하였다. 그리고 신문과 같은 활자매체는 지속적으로 그 영향력이 감소되
는 상황 속에서 인터넷매체들이 부각되는 특징을 보였다고 평가하였다.

평가자들은 선거기간 중 방송사와 언론사의 역할은 유권자들에게 후보자
를 평가할 수 있는 정보를 제공하는 것에 있음에도 불구하고 17대 총선의

경우 정치권의 정쟁(政爭)과 상호비방을 매스미디어가 확대 재생산하는 경향을 보였다는 점에서 아쉬움이 많았다고 지적하였다. 특히 선거관리위원회의 방송토론위원회가 주관한 선거방송이 큰 실효성을 거두지 못하였다는 점에서 제도적 보완이 필요하다고 지적하였다. 또한 선거보도의 형평성과 관련하여 기계적 형평성과 상대적 형평성의 문제에 대해서는 그 입장이 차이를 보이기도 하였으며, 언론매체의 중립성과 관련에서도 중립을 지켜야 한다는 입장과 중립을 지키기 어렵다는 입장이 공존하였다.

마지막으로 기타 선거운동과 관련하여 17대 총선이 과거 선거와 비교하여 다른 점 내지 특이한 점이 있다면 무엇이라고 생각하는지를 질문하였다. 평가자들은 금권선거와 동원선거가 대폭 감소한 특징을 보였다는 점을 가장 큰 특징으로 지적하였다. 그리고 개정 정치관계법과 선거관리위원회의 감시 활동으로 인하여 후보자들이 소극적·수비적 선거운동을 전개하였기 때문에 유권자와의 접촉기회가 부족하였다는 점은 이후 정치신인들의 등용과 관련하여 문제가 제기될 수 있다는 점도 지적하였다. 즉 17대 총선의 경우 탄핵쟁점으로 인해 후보자간의 대결구도보다는 정당간의 대결구도로 선거과정이 전개되었다는 점과 정치권 물갈이에 대한 국민적 요구가 팽배하여 있었다는 점에서 정치신인들이 정계에 진출하는 데 큰 어려움을 겪지 않았지만 이후 선거에서는 그 양상이 변화될 수 있다고 지적하였다. 특히 미디어선거가 활성화되고 정착되지 못함에 따라 정치신인들이 유권자들에게 자신을 알릴 수 있는 기회가 부족하였다는 점에서 향후 보완책을 마련할 필요가 있다는 점을 강조하였다. 다시 말해 17대 총선의 경우 돈을 막는 데 성공하였지만 입을 여는 데 실패하였다고 볼 수 있기 때문에 각종 매체들을 적극적으로 활용하여 후보자들이 유권자들에게 다양한 차원에서 홍보를 할 수 있도록 유도할 필요가 있다고 평가자들은 지적하였다.

Ⅳ. 선거제도에 대한 평가

선거제도에 대한 평가와 관련해서는 개정 정치관계법의 영향, 문제점, 그리고 개선방안과 관련된 내용을 질문하였다. 먼저 개정 정치관계법의 영향을 평가하기 위하여 17대 총선에서 개정된 정치관계법이 공명선거를 정착시키는 데 얼마나 기여하였다고 생각하는지를 질문하였다. 이에 대해 평가자들은 한결같이 개정 정치관계법이 금권선거와 조직선거의 병폐를 극복하는데 큰 기여를 하였다고 평가하였다. 특히 당원행사와 관련된 일체의 편의제공 금지, 즉 버스대절, 식사제공, 당원 활동비 지급 등의 금지와 같은 법 개정은 그동안 당원 대상 정치활동이라는 명분하에 유권자들을 대상으로 진행되었던 각종 선거 부조리를 척결하는 데 크게 기여하였다고 평가하였다.

다만 정치관계법이 선거 병폐를 극복하기 위해 정치관계법이 개정되었기 때문에 현실에 부합할 필요는 없다는 점이 인정되더라도 지나치게 현실과 괴리를 보이는 일부 법 조항의 경우 발전적인 방향에서 수정이 필요하다는 의견도 나왔다. 예를 들어 후보자만 어깨띠를 사용할 수 있다는 점, 후보자가 함께 다니면서 식사할 수 있는 인원이 선거사무관계자 등을 포함하여 10인으로 제한되어 있다는 점, 세 명 이상의 지지운동이 금지되어 있다는 점, 자원봉사자들에 대해 식사도 제공할 수 없다는 점 등과 같은 법 조항은 일부 수정될 필요가 있는 것 아닌가 하는 주장이 제기되었다. 왜냐하면 대규모 정치자금과 동원이 필요한 선거운동의 경우 엄격한 관리가 필요하지만 소액을 사용하여 투명성 있게 진행될 수 있는 선거운동의 경우 일정 수준 허용해야 선거에 대하여 유권자가 관심을 가질 수 있고 투표에 참여할 가능성이 높기 때문이다.

평가자들은 지나친 규제 중심의 정치관계법 적용이 단기적인 수준에서 금권선거와 조직선거의 병폐를 막을 수 있을지 몰라도 선거 본연의 목적인 관심과 참여를 통한 정치 민주화가 위축될 수도 있다는 점을 우려하였다. 다만 평가자들은 문화적·의식적 차원에서 금권선거와 조직선거가 사라지고 공명선거가 정착되었다고 평가하기는 아직 이르기 때문에 향후 정치관계법 수정은 주의를 요구한다고 지적하였다.

선거관리위원회의 방송토론위원회가 주관한 후보자 합동방송토론회가 선거에 어떠한 영향을 미쳤는지에 대한 질문에 대하여 평가자들은 모두 별 영향을 미치지 못한 것으로 평가하였다. 금권선거와 조직선거를 타파하는 대신 미디어선거를 활성화하자는 당초의 목적과 달리 17대 총선에서 합동방송토론회는 유권자들에게 관심을 끌지 못하고 철저히 외면당하였다는 것이다.

평가자들은 첫째, 합동방송토론회의 방송시간이 대부분 버려진 시간대에 편성되었기 때문에 유권자들의 시청률이 떨어졌다는 점을 지적하였다. 둘째, 케이블방송이 주관한 토론회의 경우 시청률이 매우 낮았다는 점에서 큰 실효를 거둘 수 없었다고 지적하였다. 셋째, 당선이 유력하였던 후보자들 중 일부가 참여를 거부하여 합동방송토론회 자체가 무산되는 경우도 존재함에 따라 전 선거구에 대한 합동방송토론회가 개최되지 못하였다는 점도 문제점으로 지적하였다.[11] 넷째, 소수당 출신 후보자들의 경우 합동방송토론회에서 배제되었고, 케이블방송을 수신할 수 없는 난시청지역 유권자들에 대한 배려가 부족하였다는 점도 문제점으로 제기하였다.

그리고 이와 같은 문제점들을 해결하기 위해서는 첫째, 합동방송토론회의 횟수와 시간대를 사전에 조정할 필요가 있다는 점을 강조하였다. 둘째, 후보자의 합동방송토론회 참여를 의무화할 수 있는 법적 조치를 마련 – 일종의 선거법 위반으로 간주 – 할 필요가 있다[12]는 점도 제기되었다. 셋째, 후보자

---

11) 실제로 전국 243개의 지역구 중에서 합동방송토론회가 성사된 지역구는 92개에 불과하였다(윤성이 2004).

12) 17대 총선 출마자 설문조사 결과 출마자의 88.4%가 후보자 방송합동토론회를 의무화시켜야 한다는 주장에 공감하는 것으로 나타났다. 그러므로 이 문제에 대하여 국회 내의 여론을 형성하고 입법화하는 작업은 큰 어려움을 겪지 않을 수도 있다고 예상된다.

의 자질과 능력을 정확하게 검증하기 위해서는 토론회 질의내용이 사전에 유출되지 않도록 하는 방안을 마련할 필요가 있다는 주장이 제기되었다. 넷째, 각 선거구별 토론회 녹화내용을 방송사 및 중앙선거관리위원회의 홈페이지에서 볼 수 있도록 해야 한다는 의견도 나왔다. 다섯째, 소수당 후보자들의 경우에도 최소한 참여를 보장할 수 있는 제도적 장치를 마련할 필요가 있다는 주장도 제기되었다.

1인 2표제가 유권자의 의사를 정확히 반영하는 데 기여하였다고 생각하는가에 대한 질문에 대하여 평가자들은 대체로 민주노동당이 원내로 진출한 예를 들면서 17대 총선의 경우 과거의 선거와 비교하여 민의가 상대적으로 잘 반영되었다고 평가하였다. 평가자들은 17대 총선에서 1인 2표제가 채택됨에 따라 유권자들은 후보자와 정당의 선택을 놓고 교차압력을 받을 필요가 없었던 상황 속에서－후보자와 정당에 대한 분할투표(spilt-voting)가 가능함에 따라－폭 넓은 선택을 할 수 있었다고 평가하였다. 또한 평가자들은 1인 2표제에서 비례대표 의원들은 후보자투표가 아닌 별도의 정당투표를 통하여 선출되기 때문에 1인 1표제와 비교하여 유권자들의 표가 사표화될 가능성이 상대적으로 적었다는 점과 이로 인하여 정치적 소수를 보호(원내 진출)할 수 있었다는 점에서 긍정적인 평가가 가능하다고 보았다.

다만 유권자가 최선의 선택을 할 수 있도록 보장해주는 것이 선거제도 본연의 취지라는 관점13)에서 보면 최선과 차선을 동시에 선택할 수도 있는 1인 2표제는 사표 방지와 소수 보호의 장점에도 불구하고 여전히 민의를 정확히 반영하였다고 평가하기는 어렵다는 지적도 있었다.14) 또한 선거관리위

13) 예를 들어 단순다수 소선거제와 같이 선거제도의 효과로 인하여 당선가능성을 고려, 차선의 선택을 할 가능성이 높은 선거제도(Duverger 1954)의 경우 바람직한 선거제도가 아니라는 관점을 들 수 있다.
14) 사실 이와 같은 지적은 연구자의 관점에서 볼 때 정확한 지적은 아니라고 판단된다. 왜냐하면 실제로 1인 2표제하에서 후보자투표와 정당투표에 있어 차선과 최선의 선택을 동시에 고려할 수 있는 유권자는 전체 유권자가 아닌 군소정당 지지 유권자들일 가능성이 높다. 즉 군소정당을 지지하는 유권자들의 경우 정당투표에서는 지지정당에, 그리고 후보자투표에서는 당선가능성이 높은 차선의 지지정당 후보자에 투표

원회와 언론의 노력에도 불구하고 17대 총선에서 1인 2표제에 대한 정확한 홍보가 충분히 이루어졌다고 보기는 어려운 것 아닌가 하는 의문도 제기되었다.

선거관리위원회가 후보자의 개인정보를 파악하여 유인물로 배포한 것에 대하여 어떻게 생각하는지를 질문해본 결과 평가자들은 전체적으로 긍정적인 평가를 내리면서 향후 법이 허용하는 범위 내에서 최대한 확대될 필요성이 있다는 점을 강조하였다. 특히 평가자들은 학력, 병역, 전과기록, 재산 및 세금납부 현황 등과 같은 기본정보들 외에 좀더 추가적인 정보들, 예를 들어 벌금형 기록 등을 제공할 필요가 있다는 점과 후보자간 비교가 가능한 정보들을 제공할 필요가 있다는 점을 지적하였다. 구체적으로 평가자들은 후보자간 공약의 비교 내지는 각종 현안과 쟁점들에 대한 입장의 비교 등과 같은 정보들을 유권자들에게 제공하여 후보자 선택에 도움을 줄 수 있는 방안을 모색할 필요가 있다고 지적하였다.

또한 평가자들은 유권자들에게 제공되었던 정적인 정보들뿐만 아니라 동적인 정보들을 제공할 수 있는 방안도 마련할 필요가 있다고 지적하였다. 평가자들은 중앙선거관리위원회 홈페이지에 '온라인 선거운동'과 같은 항목을 만들어서 선거구별 후보자의 선거자금 사용내용, 후보자 동정과 선거운동 일정, 그리고 각종 지역현안과 정치쟁점 등에 대한 견해를 게재하도록 하여 유권자들의 선택에 도움을 줄 필요가 있다고 제안하였다.

인터넷 실명제를 어떻게 생각하는지에 대한 질문에 대하여 평가자들은 서로 상반된 주장을 하였다. 인터넷 실명제에 찬성하는 입장을 보인 평가자들은 온라인 영역에서의 흑색선전과 후보자 비방의 문제를 해결하고 책임성

를 할 가능성이 존재한다. 하지만 이외 거대정당을 지지하는 유권자들의 경우 후보자투표에서 당선가능성을 고려하여 차선의 지지정당 후보자에 투표를 할 가능성은 매우 낮다. 또한 거대정당을 지지하는 유권자들의 경우에도 후보자투표에서 후보자의 능력과 자질 등을 고려하여 다른 정당의 후보자를 지지하였을 경우 이를 차선의 선택이라고 보기보다는 다른 준거에 의한 최선의 선택이라고 보는 것이 보다 적실성을 갖는다.

있는 건전한 온라인 선거문화를 정착시키기 위해서는 인터넷 실명제가 반드시 필요하다고 주장하였다. 특히 이들 평가자들은 17대 총선에서 공명선거를 위한 오프라인 영역에서의 규제는 강화된 반면 온라인 영역에서의 규제는 다소 관대하고 느슨한 것이 아닌가 하는 의문도 제기하였다. 또한 표현의 자유도 중요하지만 후보자의 인권도 중요한 것이 사실이며, 흑색선전 등의 영향으로 특정 후보자가 선거에서 불이익을 받는다면 선거관리에 있어 문제가 제기될 수도 있다는 점도 지적하였다.

반면 다른 한편에서는 인터넷 실명제는 유권자의 표현의 자유를 침해하는 것으로 문제가 많다는 지적도 있었다. 그리고 현실적으로도 인터넷매체를 관리하고 규제한다는 것이 가능한가라는 의문도 제기되었다. 또한 국민들의 의식수준이 많이 향상된 만큼 점차 온라인 영역에서의 토론문화도 변화될 것이며, 유권자들이 흑색선전과 비방에 대하여 좋지 않은 평가를 내릴 것이라는 낙관론적 전망도 제시되었다.

마지막으로 개정 정치관계법의 문제점을 파악하고 개선방안을 논의하기 위하여 개정 정치관계법에 있어 완화되어야 할 부분은 무엇이고 강화되어야 할 부분은 무엇이라고 생각하는지에 대해 질문하였다. 이에 평가자들은 일단 17대 총선에서 개혁적인 정치관계법 제정과 중앙선거관리위원회의 선거관리와 감독으로 돈 안 쓰는 공명선거를 정착시킬 수 있는 기틀을 마련하였다는 점에서 긍정적인 평가를 내렸다. 그리고 실질적으로 문화적인 수준에서 공명선거를 정착시키기 위해서는 한시적으로 강력한 규제에 기반을 둔 정치관계법 운용이 필요하고, 이 과정에서 발생하는 어려움들은 감수해야 할 필요가 있다는 점에 상당 수준 동감하였다.

다만 지나친 규제 일변도의 정치관계법이 가질 수 있는 폐단 역시 존재한다는 관점에서 과도한 법 규정은 다소 완화할 필요가 있으며, 장기적인 차원에서는 선거의 본 취지를 살리고 국민들의 자발적 참여를 적극적으로 유도하기 위해서라도 정치관계법의 규제 수준을 단계적으로 완화시키는 것이 필요하다는 주장도 제기되었다.

Ⅴ. 선거 과정 및 결과에 대한 평가

17대 총선의 과정 및 결과에 대한 평가와 관련하여 후보자의 당락 결정 요인, 선거갈등(이념, 세대) 양상, 그리고 정치신인 선거운동에 대해 질문하였다. 먼저 17대 총선에서 후보자의 당락을 결정한 요인은 무엇이었다고 생각하는지를 질문하였다. 이에 평가자들은 한결같이 탄핵 쟁점이 선거과정을 지배하는 과정 속에서 정당준거가 후보자의 당락을 결정짓는 데 가장 중요한 요인으로 작용한 것으로 평가하였다.[15] 즉 탄핵에 찬성한 정당과 반대한 정당이라는 이분법적 정당준거를 기준으로 투표결정을 한 유권자들이 많았다고 평가하였다. 그리고 이것은 과거의 총선에서 후보자의 자질이나 능력이 중시되었고, 지역준거가 후보자의 당락을 결정짓는 가장 중요한 요인이었다는 점을 고려할 때 상당 수준 변화가 일어난 것으로 볼 수 있다고 평가하였다.

또한 평가자들은 중첩적인 특징을 보이지만 세대와 이데올로기의 준거가 유권자들의 투표결정에 상당 수준 영향을 미친 것으로 파악하였다. 그리고 수도권 지역에서 한나라당에 소속된 소장파 현역의원들이 불리한 선거상황에도 불구하고 당선되었다는 점과 영남과 호남 지역 사이의 지역주의가 여전히 유효한 영향력을 발휘하였다는 점에서 인물과 지역의 준거 역시 과거와 비교하여 그 영향력이 감소된 것은 사실이지만 여전히 후보자의 당락을 결정짓는 데 유효한 영향을 미친 것으로 평가하였다.

그러므로 종합하면 평가자들은 17대 총선의 경우 대통령 탄핵소추안 가결이라는 특수한 정치상황에서 실시됨에 따라 정당준거가 후보자의 당락을 결정짓는 데 가장 중요한 요인으로 작용한 것으로 평가하였다. 그리고 세대와

---

15) 중앙선거관리위원회가 실시한 유권자 의식조사 결과 역시 지지 후보자 결정기준으로 소속 정당을 지적한 응답자 비율이 39.0%로 가장 높게 나타났다.

이데올로기와 같은 요인들이 과거의 총선과 비교하여 상대적으로 중요하게 부각되는 특징을 보였다는 점에서 많은 변화를 목격할 수 있었다고 평가하였다. 다만 평가자들은 특수한 선거상황을 감안하고 후보자의 당락을 결정짓는 데 인물과 지역의 준거가 여전히 유효한 영향을 미쳤다는 점을 고려할 때 17대 총선에서 두드러지게 나타난 유권자들의 정당지향적 투표결정의 특징이 향후 총선에서 지속될 가능성은 상대적으로 크지 않다고 전망하였다.

다음으로 17대 총선을 통하여 심화된 진보세력과 보수세력간, 그리고 세대간 갈등양상에 대하여 어떻게 생각하는지와 이러한 갈등양상이 17대 총선에서 심화되어 나타난 이유는 무엇이라고 생각하는지를 질문하였다. 이에 평가자들은 계층적 이익이나 이념에 따른 투표는 정책적 이해관계를 둘러싼 투표라는 점에서 갈등양상과 같은 부정적 이미지로 파악하기보다는 선진사회로 가는 과정에서 나타날 수 있는 자연스러운 현상으로 보는 것이 적실성을 갖는다고 평가하였다.

물론 17대 총선에서 정치권의 대립이 심화되었던 상황 속에서 매스미디어와 정치권이 이 같은 갈등들을 부각시키고 확대 재생산하였다는 측면이 문제로 지적될 수 있지만 승자독식(winner-takes-all)의 선거상황 속에서 정치권은 득표의 극대화를 위하여 사소한 견해의 차이도 필연적으로 부각시키고자 하기 때문에 이를 지나치게 부정적으로 보는 것은 옳지 않으며 선거 이후 상당 부분 완화될 가능성이 높다고 평가하였다. 뿐만 아니라 사회가 다원화됨에 따라 다양한 사회균열이 출현하게 되는 것은 자연스러운 현상이며, 이것이 지역주의 선거행태의 문제를 해결할 수도 있다는 점에서 오히려 바람직한 측면도 내포하고 있다고 지적하였다. 다만 평가자들은 선거과정에서 심화되고 부각된 다양한 갈등양상을 선거 이후 치유하는 노력이 중요하다고 지적하였다. 즉 선거 이후 정치지도자들이 선거과정에서 심화되고 부각된 다양한 사회갈등을 통합·완화시킬 수 있도록 노력해야 한다고 지적하였다.

마지막으로 선거과정과 관련하여 정치신인들이 선거운동을 함에 있어 홍보수단의 부족 등으로 인하여 많은 어려움을 겪었다는 주장에 대하여 어떻게 생각하는지를 질문하였다. 이에 평가자들은 정치관계법 자체의 문제라기보다는 개정 정치관계법이 국회에서 늦게 통과됨에 따라 예비후보자제도가 제 기능을 하지 못하고 현역의원들이 기한의 제한을 받지 않고 의정보고회를 개최함으로써 형평성의 문제가 제기되었고 불이익을 받았다고 평가하였다.

하지만 17대 총선에서 정치권 물갈이에 대한 국민들의 요구가 컸기 때문에 결과론적으로 정치신인들이 불이익을 받은 것은 아니었다고 평가하였다. 그리고 평가자들은 향후 홍보수단이 부족하다고 불만을 제기하기보다는 정치관계법 테두리 내에서 기발한 홍보수단을 개발하거나 기존 홍보수단을 잘 활용할 수 있는 방안을 정치신인들이 모색할 필요가 있다고 제안하였다. 특히 17대 총선의 경우 금권선거를 획기적으로 차단하였기 때문에 법정 선거기간을 늘리는 방안을 생각해볼 필요가 있다는 제안도 제기되었다. 즉 법정 선거기간을 늘리면 선거비용이 증가된다는 편견에서 탈피하여 과감하게 후보자 경선기간을 앞당기고 유권자들이 후보자들을 충분히 비교하여 평가할 수 있도록 법정 선거기간을 늘리는 것이 필요하다는 주장이 제기되었다.

Ⅵ. 선거관리위원회 활동에 대한 평가

선거관리위원회의 활동에 대한 평가의 경우 선거감독, 사무처리, 후보자 정보의 제공 및 검증의 세 가지 측면을 고려하여 질문내용을 구성하였다. 먼저 선거감독의 문제와 관련하여 17대 총선에서 선거관리위원회가 공명선거 정착을 위하여 선거감독 기능을 공정하게 잘 수행하였는지의 여부에 대하여 질문하였다.

이에 평가자들은 17대 총선에서 공명선거의 기틀을 마련하는 데 선거관리위원회의 역할은 매우 컸다는 점에 동의하였다.[16) 평가자들은 정치관계법이 개정됨에 따라 그 권한이 막강해진 선거관리위원회가 다각적인 노력을 통하여 선거감독의 기능을 충실히 수행하였다고 평가하였다. 즉 공명선거감시단 등 민간요원들을 적극 활용하였던 점과 국민들의 선거관리위원회의 활동을 적극적으로 홍보한 점 등은 매우 긍정적으로 평가받을 수 있는 부분이라고 지적하였다.

또한 현실적으로도 경찰과 비교하여 선거사범을 적발한 건수가 큰 차이를 보였다는 점과 포상금도 거의 5배 정도 차이를 보였다는 점을 통해서 보더라도 선거관리위원회가 '발로 뛰는 단속'으로 많은 실적을 올렸던 것으로 평가하였다. 그리고 질적인 측면에 있어서도 선거관리위원회가 채집한 증거들의 상당수가 경찰과 법원에서 그대로 증거로 채택되었다는 점에서 높은 평가를 받을 수 있다고 보았다.

다음으로 선거관리위원회가 개정 정치관계법과 관련한 질의에 대하여 성실하게 답변해주는 모습을 보였는지에 대하여 질문하였다. 이에 평가자들은 선거관리위원회가 불친절하다는 민원은 크게 제기되지 않았으며, 전반적으로 볼 때 질의내용에 대하여 최대한 성실하게 답변하고자 노력하는 모습을 보였다고 평가하였다.

다만 개정 정치관계법이 늦게 통과됨에 따라 선거관리위원회 직원들이 개정 정치관계법을 숙지할 시간이 부족한 상황 속에서 이와 관련한 각종 질의들이 폭주하여 답변이 늦은 경우도 있었기 때문에 향후 정치관계법과 관련한 대민 안내서비스 인력을 좀더 충원해서라도 보강할 필요가 있다고 지적하였다. 또한 정치관계법 자체가 모호하여 선거관리위원회의 답변 역시 모호한 경우가 많았고, 중앙선거관리위원회와 지방선거관리위원회의 법적 해석

---

16) 중앙선거관리위원회가 실시한 유권자 의식조사의 결과를 보더라도 가장 많은 응답자들(25.5%)이 선거관리위원회의 적극적인 홍보 및 감시·단속으로 인하여 17대 총선이 공명하게 실시될 수 있었다고 평가하였다. 그리고 선거관리위원회의 감시·활동이 공정하였다는 평가도 응답자의 76.2%에 달하였다.

이 차이를 보이는 부분도 존재하였다는 후보자들의 지적이 상당수 존재하였던 것이 사실이라고 지적하였다.[17] 그리고 이 같은 문제점들을 해결하기 위하여 평가자들은 17대 총선의 사례를 토대로 정치관계법 하위 규정들을 좀더 구체적으로 명료화하는 작업뿐만 아니라 선거관리위원회 자체의 교육도 강화할 필요가 있다고 제안하였다.

선거관리위원회가 후보자들의 개인정보를 제대로 검증하여 유권자들에게 알려주었다고 생각하는지에 대한 질문에 대하여 평가자들은 선거관리위원회가 후보자의 개인정보를 파악하여 유인물로 배포한 것에 대해서는 긍정적으로 평가하였지만 그 내용과 검증방법과 관련해서는 좀더 보완할 필요가 있다는 점을 지적하면서 다양한 의견을 개진하였다. 우선 평가자들은 앞서 지적한 바 있듯이 후보자의 정보공개는 법이 허용하는 범위 내에서 최대한 확대하고 후보자간 비교가 가능한 정보들을 제공할 필요가 있다는 점을 지적하였다.

하지만 후보자 개인정보를 검증하는 과정에 있어서는 그 진위 여부를 사전에 파악할 수 있는 제도적 장치를 마련할 필요가 있다고 평가하였다. 즉 올바른 개인정보를 제공하는가의 여부는 일차적으로 후보자의 양심과 관련된 문제이기는 하지만 잘못된 개인정보가 유포됨에 따라 발생할 수 있는 선거결과의 왜곡을 방지하기 위해서 현재와 같은 사후 고발제도에 대한 일정한 보완이 필요하다고 지적하였다. 또한 취재기자들의 경우 선거관리위원회가 제공한 후보자 개인정보의 경우 참고자료 정도로 활용하였고 온라인매체들이 제공하였던 후보자 정보가 좀더 유익하고 좋은 취재거리를 제공하였다는 평가가 있었기 때문에 보다 풍성한 후보자 정보를 유권자들에게 제공할 필요가 있다는 점이 제안되었다. 그리고 중앙선거관리위원회가 후보자의 다

---

17) 예방 차원에서 후보자가 선거관리위원회에 질의를 하였을 때 제때 답변을 받지 못하여 적기(適期)를 놓치기도 하였으며, 세부적인 부분들에 대한 법규가 모호하여 이에 대해 질의를 하면 웬만하면 안 된다, 모른다, 알아서 판단해라와 같은 답변을 가장 많이 받았다는 지적이 있었다.

양한 정보들을 포탈사이트를 통하여 유권자에게 제공하였지만 실제로 이를 이용한 유권자가 많지 않았다는 점[18])에서 유권자들이 관심을 가지고 쉽게 접근할 수 있는 방안을 고민할 필요가 있다는 점도 지적되었다.

마지막으로 선거관리위원회의 활동과 관련하여 제안하고 싶은 사안으로는 무엇이 있는지를 질문하였다. 이에 평가자들은 다음의 몇 가지를 제안하였다. 첫째, 상시적인 선거홍보가 필요하다는 점을 제안하였다. 즉 평가자들은 공명선거를 정착시키고 민주주의를 공고화하기 위해서는 상시적으로 선거와 관련한 시민교육과 국민홍보를 강화하고 지속적으로 진행시킬 필요가 있다는 점을 강조하였다. 그리고 이와 같은 업무를 원활하게 수행하기 위해서 필요한 경우 충분한 수준의 인력을 확충할 필요가 있다는 점도 제안되었다. 둘째, 각종 행정절차를 간소화시킬 필요가 있다는 점도 지적되었다. 현재 예비후보자 등록, 후보자 등록, 정치자금 관련 서류, 선거사무실 설치 관련 서류 등이 상당 수준 중복된 측면이 있기 때문에 이를 간소화할 필요가 있다는 점이 제안되었다. 셋째, 정당의 추천을 받아 선거감시원을 선정하는 절차도 재검토할 필요가 있다고 지적되었다. 선거감시원이 각 정당의 추천을 받다 보니 선거감시보다 소속 정당의 선거정보원 노릇을 하는 경우가 존재하였기 때문에 객관적인 비정당원으로 선거감시원을 구성하는 방안을 모색할 필요가 있다고 제안하였다. 넷째, 「선거방송심의에관한특별규정」(2003년 3월 17일 제정)의 경우 선거일 90일 이전부터는 뉴스와 토론방송을 제외하고는 어떤 방송프로그램도 후보자를 출연시키거나 출현효과를 주는 내용을 방송할

---

18) 중앙선거관리위원회가 실시한 유권자 의식조사 결과 중앙선거관리위원회의 정치포탈사이트가 있다는 점을 인지하고 있던 응답자 비율은 45.7%로 인지하지 못한 응답자 비율 54.3%보다 낮게 나타났다. 그리고 중앙선거관리위원회의 정치포탈사이트가 있다는 점을 인지하고 있던 응답자들 중 실제로 이용한 경험이 있다고 응답한 비율이 30.3%에 불과하였다. 그러나 중앙선거관리위원회의 정치포탈사이트를 이용한 경험이 있던 응답자들의 64.4%가 이 사이트에서 제공한 정보들이 지지 후보자를 결정하는 데 영향을 미쳤다고 평가하였다. 이와 같은 결과를 놓고 볼 때 중앙선거관리위원회 정치포탈사이트의 내용 보강과 함께 그 존재를 홍보하고 유권자들이 이를 이용하도록 하는 방안을 우선적으로 마련할 필요가 있다고 판단된다.

수 없도록 규정(제20조 1항)[19]하고 있는데 실제 방송 제작현장에 있다 보면 사실상 이 기간 동안 정치와 관련된 어떠한 방송프로그램도 기획이 불가능한 것이 사실이기 때문에 국민의 알 권리를 충족시킨다는 차원에서 조금 더 현실적으로 법 규정을 수정할 필요가 있다는 점이 제기되었다. 다섯째, 모든 국가기관이 갖고 있는 특성이지만 선거관리위원회의 경우 관료적인 행태를 보다 많이 탈피하는 노력도 필요하다고 제안되었다. 선거기간 동안 때로 선거관리위원회가 정치관계법과 관련한 유권해석을 내리는 과정에서 사소한 문구에 얽매이는 모습을 보이기도 하였고, 지나치게 사소한 절차에 매달리는 태도를 보이기도 하였는데 독립기관인 만큼 조금 더 적극적인 차원에서 선거관리를 주도하였으면 하는 바람이 있다는 지적이 있었다.

Ⅶ. 결 론

지금까지 언론사 및 방송사 관계자들이 지난 17대 총선을 어떻게 평가하는지를 다양한 분야를 설정하여 살펴보았다. 전체적으로 볼 때 평가자들은 17대 총선의 경우 다양한 제도적 개혁과 선거관리위원회의 철저한 선거관리를 통하여 돈 안 쓰는 공명선거의 기틀을 마련하였다는 점에서 중요한 의미를 갖는다고 평가하였다. 그리고 새로운 정치에 대한 국민들의 요구가 많았던 상황 속에서 당선자의 62.5%가 초선의원으로 구성될 정도로 많은 변화를 목격할 수 있었던 선거라고 평가하였다. 또한 17대 총선의 경우 탄핵 정국,

---

19) 그 근거로 선거와 직접 관련이 없는 경우에도 특정 후보자나 정당에 유리 또는 불리한 영향을 미칠 우려가 있는 특집기획 프로그램을 편성해서는 안 된다(제8조)는 점을 들고 있다.

이념과 세대와 같은 새로운 사회균열의 대두, 그리고 1인 2표제의 도입 등의 영향으로 유권자의 정당지향적 투표행태가 두드러지게 나타남에 따라 지역주의 갈등구도가 일정 수준 변화되는 특징을 보였다는 점도 주목하였다.

다만 평가자들은 다양한 제도적 개혁에도 불구하고 현실선거에서 나타났던 다양한 문제점들에 대해서도 지적하면서 여러 가지 정책적 제안들을 제시하기도 하였다. 앞서 평가자들이 제기하였던 세부적인 정책제안들은 정리하여 놓았기 때문에 본 결론에서는 연구자의 관점에서 몇 가지 정책적 제안들을 중복되지 않는 범위 내에서 제시해보자 한다.

먼저 후보자 공천과 관련하여 17대 총선에서 외형상 각 정당들이 시험적·실험적 방식으로 후보자를 공천하였다는 점에서 긍정적인 평가가 가능하지만 후보자 경선과정에서 다양한 문제점이 나타났기 때문에 이 문제에 대한 논의가 필요하다고 판단된다. 그리고 이 문제와 관련하여 다음의 세 가지 제안을 해보고자 한다.

첫째, 공천심사위원회와 여론조사기관의 신뢰성 문제, 선거인단 모집과정의 공정성 문제, 선거인단 구성(규모)과 기준의 문제, 선거관리위원회 경선관리의 문제 등은 지속적으로 제기될 수 있는 문제이기 때문에 향후 이와 관련한 다양한 논의를 진행시켜 법적·제도적 장치를 마련하는 노력이 필요하다고 판단된다. 둘째, 경선과정에서의 동원의 문제를 해결하기 위해서는 경선의 기간을 늘리는 방안, 구체적으로 평일의 하루를 선정하여 경선을 실시하지 말고 평일과 휴일을 끼고 며칠에 걸쳐 경선이 진행되도록 하는 방안을 고려할 필요가 있다고 판단된다. 셋째, 각 정당들의 경우 편의적 발상에 따라 기준과 일관성 없는 경선을 진행시키기보다는 공천심사위원회와 여론조사기관 평가, 그리고 국민경선의 결과 등을 종합적으로 고려하여[20] 후보자를 공천하는 방안도 생각해볼 필요가 있다고 판단된다.

그리고 17대 총선의 경우 후보자 경선과 관련하여 많은 문제점이 나타났

---

20) 물론 이 경우에도 전체적인 평가에 있어 세부항목의 평가를 어떠한 비율로 설정할 것인가의 문제와 많은 시간과 비용이 소비된다는 문제점이 제기된다.

다는 점을 감안할 때 선거관리위원회가 각 정당의 경선과정을 일정 수준 관리·감독할 필요가 있다고 판단된다.21) 다만 후보자 공천은 정당 고유의 정치활동이라는 점을 고려할 때 향후 선거관리위원회의 공천과정 관리·감독 수준과 관련된 문제는 좀더 신중한 논의를 진행시켜 결정할 필요가 있다고 판단된다. 그리고 이 문제와 관련하여 17대 총선의 경우 엄격한 정치관계법 적용을 통하여 공명선거의 기틀을 마련하였다는 점을 고려할 때 단기적인 차원에서는 법적·제도적 장치를 마련, 선거관리위원회가 각 정당의 경선과정을 공명정대하게 관리·감독하여 기존의 각종 병폐와 부작용들을 일정 수준 해결한 이후 장기적인 차원에서 그 권한을 점차적으로 정당에 자율적으로 이전하는 방안을 고려하는 것이 바람직할 것으로 판단된다.

다음으로 17대 총선에서 온라인 영역에서의 흑색선전과 비방이 많아졌고, 그 방법도 정교화되었다는 점에서 향후 제도적 보완이 필요하다고 보인다. 특히 인터넷 실명제의 경우 찬반논란이 팽배하기 때문에22) 향후 다양한 논의와 합의를 통하여 온라인 매체들의 자발적 참여를 어떻게 유도할 것인가에 대한 고민이 필요하다고 사료된다. 그리고 인터넷 실명제와 관련하여 잘 지적되지 않고 있는 부분이기는 하지만 실명확인에 따른 개인정보의 유출을 어떻게 관리할 것인가의 문제도 고민해야 할 부분이라고 판단된다.23)

다만 연구자의 관점에서 볼 때 바람직한 온라인 선거문화를 구축하기 위해서는 오프라인 영역에서와 마찬가지로 한시적으로 명예훼손, 흑색선전, 후보자 비방과 관련해서는 강력한 규제를 통하여 엄중하게 처벌을 할 필요가 있다고 판단된다. 인터넷 실명제가 일종의 검열제도로 악용될 수 있는 소지

---

21) 실제로 17대 총선 출마자 설문조사 결과 당선자(75.0%)와 낙선자(62.6%)의 다수가 선거관리위원회의 후보자 경선 관리가 필요가 있다고 응답하였다.
22) 실제로 17대 총선에서 온라인매체들의 경우 인터넷 실명제에 매우 부정적인 입장을 보였고, 이로 인하여 선거과정에서 비협조적인 태도를 보였던 것이 사실이다.
23) 인터넷 실명제에 따른 개인정보 관리를 온라인매체 스스로 할 것인지, 아니면 중앙선거관리위원회가 전담하여 관리할 것인가에 대한 문제도 논쟁의 소지가 있는 것이 사실이다.

가 존재한다는 지적도 있지만 실제로 허위사실 유포나 흑색선전 등만 안 하면 되기 때문에 큰 문제가 되지는 않을 것으로 사료된다. 특히 개정 정치관계법하에서 후보자의 경우 유권자들과 접촉할 수 있는 기회가 상대적으로 많이 줄어들었기 때문에 유언비어 등을 통한 흑색선전에 대하여 후보자가 해명할 수 있는 토대(기회)가 부족한 것이 사실이다. 그리고 이와 같은 개정 정치관계법을 특징을 고려하여 온라인 영역에서의 흑색선전과 후보자 비방은 확대 재생산될 가능성이 높다. 그러므로 한시적인 차원에서라도 일정 수준 온라인 영역에서의 흑색선전과 비방을 규제할 수 있는 제도적 장치들은 필요할 것으로 판단된다.

개정 정치관계법이 금권선거와 동원선거의 문제를 해결하는 데 큰 기여를 하였다는 점에서 긍정적인 평가가 가능하지만 후보자와 유권자의 접촉기회가 감소 내지는 부족하였다는 지적이 많았다는 점에서 이 문제에 대해서도 큰 틀에서 생각을 해볼 필요가 있다고 판단된다. 특히 조직선거가 감소함에 따라 생겨날 수 있는 후보자와 유권자간 접촉기회의 감소 문제를 미디어선거의 활성화를 통하여 해결할 필요가 있음에도 불구하고 17대 총선에서 미디어선거가 많이 활성화되지 못하였다는 점에서 향후 보완이 필요하다고 판단된다. 다만 돈 안 쓰는 선거문화를 정착시키기 위해서는 강력한 규제를 바탕으로 한 현행 정치관계법의 기본토대가 일정 기간 유지될 필요가 있다는 점에서 정치관계법의 규제 완화는 다각적인 사고를 통해 단계적으로 이루어질 필요가 있다고 판단된다.

선거제도와 관련하여 1인 2표제의 특성과 효과 등을 면밀히 분석하여 한국에 있어 1인 2표제가 얼마나 적합하고 이상적인가에 대한 논의를 정리할 필요가 있다고 판단된다. 실제로 선거제도는 '비례성'(proportionality)과 '안정성'(stability)의 두 이상을 축으로 비례적 선거제도와 비비례적 선거제도로 양분된다(Farrell 1997). 그런데 엄밀히 말하자면 한국의 1인 2표제는 비례적 선거제도도 비비례적 선거제도도 아닌 어중간한 형태의 선거제도인 것이 사실이다.[24] 지금까지 한국의 선거제도에 대한 개혁의 기본논리가 유권자들의 의사를 정확히 반영하는 것에 있었다고 본다면 현행 1인 2표제를 독일식으로 운영하는 것이 올바른 제도적 선택이라고 볼 수 있다. 자유와 평등의 가치가 상존하기 힘든 것처럼 선거제도의 비례성과 안정성의 두 가치 역시 동시에 추구하기 힘든 것이 사실이다. 그러므로 1인 2표제가 한국에서 비례성과 안정성의 두 마리 토끼를 다 잡을 수 있는 이상적인 선거제도인가에 대한 문제는 향후 좀더 심도 있는 논의를 통하여 고민을 할 필요가 있다고 판단된다.

다만 선거제도의 개혁은 통치권력 구조와 정당체계 등과의 관계를 종합적으로 고려해야 되기 때문에 향후 신중하게 진행될 필요가 있다고 판단된다. 17대 총선의 경우 탄핵 정국의 특수한 상황 속에서, 그리고 국민들의 정치권 물갈이에 대한 열망이 팽배한 상황 속에서 실시된 선거였기 때문에 여당인 열린우리당이 과반수의 의석을 차지할 수 있었다. 하지만 실제로 1인 2표제하에서는 다당제가 출현할 가능성이 높다는 점에서 여당이 과반수의 의석을 차지할 가능성은 상대적으로 낮다. 그러므로 향후 분점정부가 보다 빈번하게 출현하여 정국 운영의 어려움이 제기될 가능성이 높아질 수 있다. 이러한 이유로 현행 1인 2표제의 정치적 효과를 다각도로 분석하여 향후 선거제도 개혁에 대한 논의가 다시 제기될 경우 참고할 수 있는 연구자료들을 축적하여 놓을 필요가 있다.

마지막으로 선거관리위원회의 향후 활동방향과 관련하여 다양한 시민교육을 수행하여 법적·제도적 차원에서 뿐만 아니라 의식·문화적 수준에서도 공명한 선거가 이루어질 수 있는 토대를 마련할 필요가 있다고 보인다. 장기적으로 선거관리위원회는 한국의 선거문화를 바로 세워 민주주의 공고화

---

24) 한국의 1인 2표제를 혼합형 선거제도(mixed system)로 분류하여 독일, 뉴질랜드, 일본의 선거제도와 비교하는 경우가 많은데, 이것은 적실성이 떨어진다고 판단된다. 왜냐하면 1인 2표제 혼합형 선거제도의 원형(prototype)인 독일의 선거제도는 기본적으로 정당투표의 결과를 기준으로 각 정당의 전체의석이 결정되는 비례적 선거제도인 반면 한국의 선거제도는 비비례적 선거제도라고 간주하기는 힘들지만 비례적 선거제도가 아닌 것은 분명하기 때문이다.

를 달성한다는 목표하에 규제·감시·감독과 관련한 활동뿐만 아니라 교육·지도(위탁관리)와 관련한 활동도 활성화시키고 역점을 둘 필요가 있다. 그리고 무엇보다도 선거관리위원회가 독립기관으로서 국민들의 높은 신뢰를 상실하지 않기 위해서는 항상 공정한 입장에서 성실하게 선거관리를 하는 모습을 지속적으로 보여주어야 할 것이다.

제 2 장

여론조사기관의 17대 총선 평가

Ⅰ. 서 론

키(Key 1955)가 처음 소개한 중대선거(*critical elections*)라는 개념에는 크게 두 가지 요소가 포함되어 있다. 하나는 선거에서 나타난 변화의 강도로서 그 선거가 전통적인 선거패턴과 얼마나 다른 모습을 보였는가라는 문제로 귀결된다. 또 다른 하나는 변화의 지속성으로서 중대선거에서 발생한 변화가 차후 선거에서도 그 영향력을 계속 유지하면서 선거판도를 결정하였는지에 대한 것이다. 변화의 지속성이라는 측면에서 17대 총선을 중대선거로 규정하는 것은 시기상조이다. 왜냐하면 그에 대한 적절한 판단을 내리기 위해서는 앞으로 다가올 다른 선거들의 결과를 지켜봐야 하기 때문이다. 그러나 17대 총선은 양적으로나 질적으로 심각한 변화가 발생하였다는 측면에서 볼 때 다분히 중대선거로 규정되어질 만하다(강원택 2004; 김일영 2004).

사실 17대 총선에서 중대선거에 버금가는 강도의 변화가 발생할 것을 예측하게 해주는 여러 지표들이 이미 선거시작 이전에 존재하고 있었다. 우선 2004년 3월 9일 개정 정치관계법의 통과는 전반적인 게임의 법칙을 바꾸게 함으로써 선거지형의 일대 변화를 예고하였다. 개정 정치관계법은 크게 두 가지 점에 그 초점을 두고 있었다고 할 수 있는데, 하나는 공명선거의 정착이었으며, 또 다른 하나는 1인 2표제의 확립이었다. 전자는 선거운동 등 선거과정 면에 있어서 지대한 변화를 예고하고 있었으며, 후자는 전통적인 단순다수 소선거구제에 종지부를 찍는 것으로 선거결과에 어떠한 형태로든 심도 깊은 변화를 수반할 것으로 예측되었다.

17대 총선의 심각한 변화를 예측하게 해주는 두 번째 지표는 선거 직전에 발생한 대통령 탄핵안 가결이었다. 탄핵을 주도하였던 한나라당과 새천년민주당의 인기는 폭락하였고, 열린우리당이 거의 대부분의 지역구에서 우세를 차지하는 이른바 '탄풍'이 선거기간 내내 그 위세를 떨쳤다. 특히 이러한 탄풍은 소위 '묻지마 투표'라는 현상을 만들어내어 인물이나 정책 위주의 투표행태보다는 정당 위주의 투표행태가 대세를 이룰 것이라는 예측을 가능하게 하였다.

세 번째 지표로 한국선거의 지역주의 연합을 창출하고 유지하였던 삼김(三金)이 선거판에서 실질적으로 사라졌던 점을 들 수 있다. 이는 1987년 대선 이후 한국의 선거를 규정해왔던 지역주의의 영향이 많이 약화될 수 있음을 의미하는 것으로, 좀처럼 벗어나기 힘든 굴레인 지역주의로부터의 탈피가 17대 총선에서 보다 본격적으로 가시화될 것으로 예측되었다.

네 번째 지표로서 2002년 대선의 향방에 많은 영향을 행사하였던 이념과 세대의 균열이 지니는 영향력이 지속·강화되었다는 점을 들 수 있다. 진보적인 성향의 젊은 세대와 보수적인 성향의 기성세대간의 균열은 선거 중간에 발생한 정동영 의장의 노인폄하 발언 때문에 훨씬 증폭되어 나타났다. 이른바 '노풍'으로 불렸던 정 의장의 실언은 이념과 세대의 균열이 선거결과에 미치는 영향력을 증대시켰고, 이러한 이념과 세대 변수의 영향력 강화는 결과적으로 지역주의라는 변수의 약화로 이어질 것이라는 예측도 가능하게 하였다.

이와 같은 선거의 제도, 문화, 과정 등에 연계된 지표들을 미루어볼 때 17대 총선에서 과거의 선거와는 매우 다른 결과가 나타날 것이라고 예측하기는 그리 어려운 일이 아니었다. 그리고 예상대로 17대 총선은 엄청난 변화를 보여주었다. 먼저 17대 총선은 과거에 실시된 그 어느 선거보다 깨끗하게 치러졌으며, 최초의 상향식 공천제가 이루어진 총선으로서 보다 민주적인 면모를 과시하였고, 여당인 열린우리당이 과반수의 의석을 획득함으로써 오랜 기간 지속되어 왔던 분점정부 상황을 종식시켰고, 원내 진입이 어려워 보였던 진보적인 민주노동당의 원내 진출을 만들어내는 등 많은 변화의 예들을 나열할 수 있다.

그렇다면 이러한 다양한 변화를 잉태한 것으로 보이는 17대 총선은 전문분야에 종사하면서 17대 총선을 주의 깊게 관찰하였던 다양한 전문가집단에게는 어떻게 비추어지고 있는가? 그들 다양한 전문가집단이 17대 총선에 대하여 내리는 평가를 조사·분석하는 것은 총선에 대한 전문적인 평가를 입체적이고 다차원적으로 조명할 수 있게 해준다는 점에서 그 의의를 찾을 수 있을 것이다.

연구자는 여러 여론조사기관 중 미디어리서치, 코리아리서치, TNS와 접촉하여 17대 총선에 대한 평가를 의뢰하였다. 이들이 내린 평가에 대한 토론은 또 다른 여론조사기관[1]과 학계의 선거전문가 한 분이 맡아주었다.[2] 평가작업은 연구자가 17대 총선에 대하여 세부 항목별-선거환경(공천방식, 선거쟁점), 선거문화(지역주의, 금권선거, 조직선거, 후보자 비방), 선거제도(개정 정치관계법의 영향, 문제점 및 개선방안), 선거 과정 및 결과(후보자 당락요인, 선거갈등 양상, 정치신인의 어려움, 감성정치), 선거관리위원회 활동 평가(선거감독, 사무처리, 후보자 개인정보 제공)-로 질문서를 작성하여 평가자들에게 보내고 그들로부터 답변을 받는 방식으로 이루어졌다.[3] 그들의 17대 총선에 대한 평가는 두 명의 토론자에게 보내졌고 각각의 토론자들은 평가

---

1) 이 여론조사기관을 대표해서 토론에 응하신 분은 자신과 자신이 속한 기관의 익명성을 요구하였다.
2) 짧은 시간에도 불구하고 여러 질문에 대하여 유익한 답변을 해주신 미디어리서치 김지연 본부장님, 코리아리서치 김정혜 이사님, TNS 이찬복님, 한신대학교 국제관계학과 조성대 교수님, 그리고 익명의 토론자님께 이 지면을 빌어 감사의 말씀을 드립니다.
3) 연구자는 각각의 평가자들에게 질의서를 보내면서 각 개인들의 의견보다는 자신들이 속한 기관의 전반적인 의견을 답변서에 보다 많이 반영하여 달라고 당부하였다.

자들의 의견에 대한 자신들의 견해와 평가를 연구자에게 보내주었다. 보충이 필요한 부분에서는 추가질문과 답변이 있었다.

본 연구의 구성은 각론적으로 선거환경, 선거문화, 선거제도, 선거 과정 및 결과, 선거관리위원회 활동 평가 등 다섯 분야에 걸쳐 여론조사 기관들의 17대 총선에 대한 평가와 제안들을 분석한다. 그리고 결론에서는 위의 각 영역에서 논의되었던 것들을 요약함과 동시에 몇 가지 정책적 제안들이 제시될 것이다.

Ⅱ. 선거환경에 대한 평가

1. 후보자 공천

이번 17대 총선에서는 한국의 총선 사상 최초로 상향식 공천이 도입되었다. 비록 그 폭이 제한적이었지만 각 정당의 후보자를 지역구민이 직접 선택할 수 있는 민주적 방식이 마침내 도입된 것이다. 미국의 경우 이미 20세기 초 혁신주의 운동을 거치면서 예비선거제라는 본격적인 상향식 공천방식이 채택되어졌다. 정당의 지도자들이 자신들의 정당 후보자에 대한 공천권을 더 이상 행사하지 못하게 되고, 후보자들은 정당의 개입 없이 스스로의 힘으로 지역유권자들의 지지를 얻어 정당의 후보자 자격을 쟁취할 수 있게 되었다는 점은 민주주의의 발전·확대라는 측면에서 분명 긍정적이라고 할 수 있다. 그러나 예비선거제의 도입이 궁극적으로는 미국 정당의 약화를 가져왔다는 지적 또한 존재한다(Dye and Zeigler 1996; Ehrenhalt 1991). 스스로의 노력으로 정당의 후보자가 되어 선거에서 승리한 정치인들은 그만큼 정치적 독립성을 띠게 마련이며, 따라서 정당의 요구에 매번 응할 필요성을 느끼지 못하기 때문에 개개 의원들에 대한 정당의 통제력은 그만큼 약해질 수밖에 없다.

17대 총선에서 처음 실시된 여러 상향식 공천방식들이 장기적으로 어떠한 결과를 만들어낼 것인지에 대하여 다각적이고 구체적인 대답을 제시하기는 아직 시기상조이다. 그러나 미국의 경우에 미루어 볼 때 본격적으로 상향식 공천방식이 도입되고 정당의 입김이 아니라 후보자들의 노력이 공천결과에 결정적인 영향을 미치게 된다면 한국에서도 정당의 약화가 발생할 가능성이 있을 수 있다고 조심스럽게 예측할 수 있다. 또한 상향식 공천제의 도입과 정착은 한국의 선거과정을 보다 민주적으로 이루어지게 할 것으로 예측된다. 이제까지 유권자들은 선거에서 정당들에 의하여 주어진 대안 중 하나를 고르는 선에서 자신의 권리를 행사해왔다. 그러나 상향식 공천제의 도입으로 유권자들은 대안마저도 선택할 수 있게 되었고, 이는 곧 유권자들의 권리의 확장으로 인식될 수 있다.

여론조사기관들도 이렇게 상향·개방식으로 바뀐 공천방식이 정당의 지도자들에 의하여 밀실에서 이루어지던 과거의 공천방식을 크게 탈피한 것으로 매우 민주적이며 한국의 선거정치의 발전에 있어서 중요한 역할을 할 것이라는 점에 전반적으로 공감하고 있다.[4] 그러나 변화된 공천제도에 대한 이러한 긍정적인 의견에도 불구하고 아직 많은 문제점들이 남아 있음을 각각의 평가자들은 지적하고 있다.

우선 여론조사 공천방식의 문제점을 알아보자. 여론조사 방식의 경우 유권자들의 선거관심도와 후보자들에 대한 인지도가 매우 낮아 무응답률이 상당히 높게 나타난 특징을 보였다는 점을 들 수 있다. 무응답률이 높다는 것

---

4) 지난 2003년 12월 5일~15일에 KSOI-TNS가 실시한 교수, 언론인, 법조인, 시민운동가 등 여론선도층 216명에 대한 설문조사 결과에 따르면, 국민경선제를 도입하는 것에 68.1%가 찬성의 입장을 표명한 바 있다(반대: 30.1%). 이는 상향식 공천방식에 대하여 여론조사 기관에 속한 전문가들뿐만 아니라 다른 여러 분야의 전문가들 또한 매우 긍정적인 의견을 보였다는 것을 의미한다.

은 많은 유권자들이 자신들의 의견을 밝히기를 거부하였다는(혹은 밝히지 못하였다는) 것으로 이들의 의견이 생략되어진 상황에서 선택된 후보자는 그만큼 대표성이 떨어진다는 것을 의미한다. 이런 경우 여론조사를 통하여 뽑힌 후보자가 정말 유권자들의 의견을 적합하게 대변하고 있는 후보자인지 판단하기 어려워진다는 문제가 발생한다.

다음으로 국민경선 방식의 문제점을 지적해 보자. 국민경선 방식의 경우에는 낮은 투표율 때문에 투표계층의 편향 문제가 발생할 확률이 높다는 점이 지적되었다. 즉 청장년층이나 직장인들보다 고연령층이 투표에 보다 적극적으로 참여하게 됨으로써 그들의 의견이 타 계층에 비하여 과다하게 반영되는 문제가 발생할 수 있다는 것이다. 또한 투표율이 낮다는 사실이 조직동원 투표 문제로 이어지고 있다는 지적도 있었다. 만약 투표자가 적다면 조금만 사람들을 동원해도 당락에 큰 영향을 미칠 수 있을 것이며, 이에 후보자들은 동원투표의 유혹에 쉽사리 빠져들 수밖에 없다는 것이다. 실례로 열린우리당의 국민경선 참여자 모집 과정에서 각 후보자 진영 선거운동원이 조직적으로 개입한 사실들이 언론에 보도되기도 하였다.

이와 같이 개별 공천방식들이 지니고 있는 문제점들을 극복하기 위하여 몇몇 평가자들은 어떤 한 가지 방법을 선택할 것이 아니라 여러 방법을 종합적으로 사용하는 것-예를 들어 중앙당공천심사위원회 점수 30점＋여론조사 점수 35점＋국민경선 점수 35-이 하나의 대안이 될 수 있다고 제안하였다. 물론 그렇게 하는 경우 비용과 시간이 증가한다는 문제점이 존재한다. 그러나 보다 적합한 후보자를 선택하는 것이 궁극적인 목표라면 그러한 비용은 어느 정도 감수할 수 있다고 판단된다. 왜냐하면 부적합한 후보자가 선택되어 정치권에 진출함으로써 파생될 수 있는 모든 문제들 때문에 유권자가 감수해야만 하는 비용은 그 이상이 될 수도 있기 때문이다.

이러한 공천과정에서 발생되어지는 문제들을 해결하기 위한 또 하나의 방법으로 선거관리위원회가 각 정당의 공천과정에 개입해서 공정한 공천이 이루어질 수 있도록 관리·감독하는 것이 있을 수 있다. 연구자는 이러한 방식에 대한 평가자들의 의견을 물어보았다. 대부분의 평가자들은 공직후보자 선출을 위한 당내 경선을 선거관리위원회에서 관리·감독할 필요가 있다는 데 의견을 모았다. 그 이유로 첫째, 당파적 이해에 벗어나 있는 제3자로서의 선거관리위원회가 공천과정을 관리할 경우 공천의 진행과정이나 결과에서 발생할 수 있는 각종 불공정 시비로부터 해방될 확률이 높다는 점을 꼽았다. 두 번째 이유는 선거관리위원회가 공천과정에 대한 관리와 감독을 하는 경우 사실상 선거과정의 일환인 경선에서부터 각종 편법과 불법을 막을 수 있기 때문에 보다 투명하고 공정한 선거문화가 정착되어질 수 있다는 점이다. 한편 선거관리위원회의 역할이 공천과정에까지 확대되어야 한다는 데에는 다른 전문가집단들도 어느 정도 공감하고 있는 것으로 보인다. KSOI-TNS가 실시한 여론선도층 216명에 대한 설문조사 결과에 따르면 '법정선거비용 일체를 국가가 모두 부담하는 완전 선거공영제 실시로 우리 선거문화에 어떤 변화가 생길 것으로 보는가'라는 질문에 대다수인 75.0%의 응답자들이 긍정적 효과가 클 것이라고 대답하였기 때문이다.

그러나 공천은 각 정당이 지니는 고유한 권한으로서 선거관리위원회의 공천에 대한 관리와 감독은 정치단체에 대한 지나친 개입이라는 우려도 일부 존재하였다. 즉 정당이라는 사적 영역에서 이루어지고 있는 사적인 행위인 공천과정에 국가권력이 지나치게 개입하는 것은 일종의 공권력의 남용일 수 있다는 주장이다. 이러한 주장에 대해서는 다음과 같은 반론이 가능할 수 있다. 즉 정당은 정치권력을 지향하는 사조직적 특성뿐만 아니라 공익을 위하여 일해야 한다는 공조직적 특성도 존재한다. 이렇게 정당이 지니는 공적 특성에 초점을 맞출 때 공적 영역을 지향하는 사적 조직으로서 정당의 운영은 일정 정도 규제가 가해질 수 있고, 이는 민주적 정당운영을 위해서도 바람직할 수 있다는 것이다. 결과적으로 공천과정에서 발생하는 문제들을 해결하기 위한 하나의 대안으로서 선거관리위원회의 공천과정에 대한 관리·감독을 진지하게 고려해야 할 필요성이 있다고 판단되어진다.

2. 선거쟁점

선거환경을 구성하는 또 다른 요인으로서 탄핵, 노인폄하 발언, 낙천·낙선운동, 거야부활론, 거여견제론 등과 같은 주요 선거쟁점이 선거결과에 어떠한 영향을 미쳤는지에 대하여 평가자들의 의견을 물어보았다. 먼저 선거한 달여를 남겨놓고 벌어진 노무현 대통령 탄핵안 가결의 영향에 대하여 알아보자. 평가자들은 대통령 탄핵안 가결의 문제가 17대 총선의 가장 큰 쟁점이었다는 데에 이견의 여지없이 동의하였다. 탄핵안을 가결한 야 3당의 지지율은 탄핵안 가결 이후 곤두박질쳤고, 반대로 열린우리당의 지지율은 수직 상승하였다.[5] 이러한 '탄풍'을 이용하여 열린우리당은 선거구도를 탄핵세력과 반탄핵세력 사이의 대결로 규정하였고, 결국 총선의 결과는 탄핵세력 심판을 내세운 열린우리당의 과반 승리로 귀결되었다. 이렇게 탄핵이 선거의 중요쟁점이 되면서 많은 유권자들은 '묻지마 투표' 행태를 보였는데, 이는 인물이나 정책 등을 비교하고 검토한 후 후보자를 선택하는 것이 아니라 반탄핵세력으로 대변되는 열린우리당이나 탄핵세력인 한나라당·새천년민주당에 무조건적으로 투표하겠다는 것으로서 정당요인이 17대 총선에서 매우 중요한 요인이 되게 한 결정적 원인으로 작용하였다.

평가자들은 정동영 의장의 노인폄하 발언이 열린우리당에 대한 지지율 하락과 한나라당의 지지율 상승에 어느 정도 기여함으로써 선거결과에 영향을 미쳤다고 평가하였다. 그러나 평가자들은 이러한 노인폄하 발언이 선거결과에 미친 영향이 직접적이기보다는 간접적인 차원에 머무르고 있었다고 지적하였다. 즉 그러한 폄하발언이 탄핵안 가결 이후 폭풍으로 움츠러들었던 경상도(지역요인), 고연령층(세대요인), 보수층(이념요인)과 같은 한나라당 지지

---

5) MBC-KRC 여론조사에 따르면 열린우리당의 지지율은 탄핵안 가결 이전인 2월 24일에는 28.5%에 불과하였지만 탄핵안 가결 직후인 3월 14일에는 무려 44.4%로 급상승하였다. 한때 열린우리당이 전국 대부분의 지역구를 석권할 것이라는 여론조사 결과가 나올 정도로 탄핵 쟁점이 열린우리당에 가져다준 반사효과는 대단하였다.

충의 재결집을 위한 명분을 제공하고 한나라당에서 제기하였던 거여견제론
에 힘을 실어줌으로써 한나라당의 지지 상승과 열린우리당의 상대적인 지지
하락을 가져오는 데 일조하였다는 것이다.

17대 총선의 낙천·낙선운동에 대해서 모든 평가자들은 16대 총선의 낙천·
낙선운동과 비교하여 그 영향력이 극히 미미하였다는 반응을 보였다. 16대 총
선의 경우 유권자들이 최초로 시행된 낙천·낙선운동을 신선하게 받아들였고,
그 선정기준에 대해서도 비교적 공감함으로써 실제 선거결과에 많은 영향을
미쳤다는 평가를 받았었다(진영재·엄기홍 2002). 그러나 17대 총선의 낙천·
낙선운동의 경우 운동의 신선함이 많이 반감되었고, 각 정당에서 실시한 공천
개혁들이 운동의 필요성을 많이 감소시켰으며, 탄핵과 같은 굵직굵직한 선거쟁
점에 많은 사람들의 관심이 모아지는 가운데, 각종 사회단체 및 이익단체에서
다양하고 상반된 기준에 의한 명단을 남용함으로써 변별력을 상실하게 되었다
고 평가되어졌다. 평가자들은 그와 같은 이유로 낙천·낙선운동이 17대 총선의
결과에 있어 중요한 변수가 되지 못하였다고 판단하였다.

거야부활론이나 거여견제론과 같은 선거쟁점은 열린우리당과 한나라당이
실제보다 자신들의 세를 줄임으로써 자신의 지지세력을 결집시키려고 시도
하는 와중에 형성된 것이라 할 수 있다. 열린우리당의 지지율이 최고점을
찍을 때부터 중점적으로 제기되었던 거여견제론은 정동영 의장의 노인폄하
발언에서 형성된 오만한 이미지와 중첩되면서 한나라당 지지자들을 재결집
하는 데 어느 정도 성공을 거두게 하였다고 평가되어진다. 이에 대해 여당
은 거야부활론을 통하여 탄핵 쟁점을 다시 전면으로 끌어냄으로써 일단 지
지율의 하락을 막아낼 수 있었다는 평가를 받는다. 결국 거여견제론이나 거
야부활론 같은 쟁점들이 어느 정도는 선거결과에 영향을 미쳤다는 것이 평
가자들의 전반적인 의견이라고 할 수 있다. 그러나 몇몇 평가자들은 그러한
쟁점 자체가 선거에서 중요한 변수로 등장하였다는 사실 자체에 문제제기를
하고 있다. 즉 선거운동기간 중 여론조사 결과에 대한 발표가 금지되어 있
는 제도를 악용한 정치인들 때문에 그러한 쟁점이 등장하게 되었으며, 결론

적으로 국민들에게 혼란을 가중시킨 꼴이 되었다고 꼬집고 있는 것이다. 그들은 국민의 알 권리가 제한됨으로써 거여견제론이나 거야부활론과 같은 혼란이 발생한 것이며, 따라서 선거기간 막바지까지 여론조사의 결과를 공표할 수 있도록 제도적 수정이 이루어져야 한다는 주장이 제기되었다.

Ⅲ. 선거문화에 대한 평가

1. 지역주의

1987년 대선 이후 지금까지 한국의 선거결과에 지대한 영향을 미쳐왔던 지역주의가 17대 총선에서는 어떠한 영향을 미쳤는지, 그 영향이 과거와 비교하여 강화되었는지 아니면 감소하였는지에 대하여 평가자들에게 질문하였다. 대부분의 평가자들의 평가를 한 마디로 요약하자면 "지역주의는 아직도 가장 강력한 요인이지만 변화는 시작되었다"라는 말로 압축되어질 수 있다.[6] 즉 열린우리당이 호남지역과 충청지역 등 서부벨트[7]를, 한나라당이 영남지역과 강원지역 등 동부벨트 대부분을 차지한 여서야동(與西野東) 구도가 17대 총선에서도 그대로 재연된 것으로 보아 지역주의가 여전히 강력한 영향을 미

---

6) 한편 소수 의견으로 17대 총선에서 지역주의가 상당히 약화되었다는 평가도 있었다. 이 주장은 지역주의가 약화된 이유를 선거의 향방을 결정하는 균열구도가 지역 대결구도에서 이념·세대 대결구도로 전환하였다는 점에서 찾고 있다. 그러한 균열구도의 전환이 17대 총선에서 실제로 발생하였는지에 대한 세부적인 논의는 이 책의 제4장 "이념·세대 균열의 부상과 지역균열의 변화"를 참조할 것.

7) 새천년민주당의 텃밭인 호남지역에서 열린우리당 후보자가 대거 당선되고 가장 높은 득표를 보인 것에 대해서는 호남지역 유권자들이 자신들의 이해를 지켜줄 새로운 맹주를 택한 전략적 선택의 결과라는 해석도 있다.

치고 있는 것으로 생각될 수도 있지만, 그러한 지역주의의 영향력을 감소시킬 수 있을 만한 요소들 또한 나타남으로써 변화의 가능성이 보였다는 것이다. 예를 들어 몇몇 평가자들은 정당투표에서 민주노동당이 전국적으로 고른 득표를 하였다는 사실에서 지역주의가 완화될 가능성을 발견하고 있다. 민주노동당의 경우 지역구 당선자는 두 명에 그쳤으나 정당투표에서는 16개 시·도에서 모두 10% 이상을 기록하여 다른 어떤 정당보다 지역별 편차가 적었는데, 이는 민주노동당이 기존의 정당들과는 확연히 구분된 정책을 제시하였기에 가능하였던 것으로 파악되어진다. 이런 민주노동당의 사례를 통해 볼 때 결국 지역주의의 극복은 지역주의의 상대개념으로 생각할 수 있는 정책대결이 본격적으로 진행될 때 구체화될 것으로 평가되어졌다.

2. 금권선거 및 조직선거

돈 쓰는 부정선거(금권선거)가 17대 총선에서는 어떠한 양상을 띠었는지에 대한 질문에 평가자들은 이구동성으로 금권선거가 17대 총선에서 급격히 감소하였다고 대답하였다. 금권선거가 사라지고 있다는 증거는 여러 분야에서 발견될 수 있다. 예를 들어 총선 기간 중 금품·음식물 제공 위반건수를 비교하여 보면 16대 총선 선거운동 기간 중 212건(40건 고발, 85건 수사 의뢰)이었던 것이 17대 총선에서는 53건(16건 고발, 12건 수사 의뢰)으로 줄어든 것으로 집계되었다. 또한 최근 10년여 동안 10%를 웃돌던 선거 직전 현금통화증가율이 17대 총선에서는 2%에 그쳤다는 한국은행의 보고 역시 금권선거의 감소를 여실히 보여주고 있다고 하겠다. 평가자들은 이렇게 금권선거가 급감한 이유를 과거와 비교하여 매우 강력한 제재수단을 담고 있는 개정 정치관계법의 존재와 중앙선거관리위원회의 강력한 법 집행에 대한 의지에서 찾았다. 불법 돈봉투, 식사, 향응 제공을 신고할 경우 최고 5천만 원까지 지급되는 50배 포상금 제도는 많은 사람들로 하여금 불법·금권선거를 감시하고 신고하기 위한 충분한 동기를 부여하였다. 그런 상황에서 후보자들이 과거와 같이 쉽게 부정행위를 저지르기 어려웠을 것이라는 점을 추측하기는 그리 어렵지 않다. 한편 유권자의 금품 요구도 과거와 비교하여 많이 줄어든 것으로 평가되어졌지만 그러한 현상이 유권자의 의식 변화 때문이라기보다는 후보자들과 직접 접촉할 수 있는 기회가 줄어든 환경적 요인에 기인하고 있는 것이라는 지적도 있었다.

17대 총선에서 조직선거(동원선거와 관권선거)가 줄어들었다고 생각하는가라는 질문에 대부분의 평가자들은 합동연설회 폐지, 선거운동원 제한 등으로 인하여 조직동원 선거가 전반적으로 사라졌다고 평가하였다. 조직동원 선거는 '돈'이 없으면 불가능하다고 할 때 앞에서 논한 대로 금권선거가 사라졌다면 당연히 조직동원 선거도 사라졌을 것으로 추론이 가능하다. 그러나 몇몇 평가자들은 엄한 단속으로 인하여 눈에 들여다보이지는 않지만, 음성적 조직 가동 등은 계속 시행되었던 것으로 보인다고 말함으로써 조직동원 선거가 완전히 소멸되었다고 단정 짓기는 아직 시기상조임을 밝히고 있다.

3. 후보자 비방

17대 총선에서 후보자들 간의 흑색선전 및 상대 후보자 비방은 줄어들었다고 생각하는가라는 질문에 대하여 대부분의 평가자들은 그렇지 않다는 의견을 개진하였다. 금권·조직선거가 사라져 자신에게 유리한 방향으로 선거 캠페인을 진행하기 어려워졌고, 탄핵 쟁점 등으로 중앙당 대리전 양상을 띠면서 각 후보자의 정책, 소신, 비전 등은 유권자들의 관심을 끌지 못하는 상황에서 후보자들, 특히 뒤쳐져 있던 후보자들에게 상대 후보자에 대한 흑색선전과 비방은 좋든 싫든 간에 마지막 승부수였을 수도 있을 것이다. 또한 17대 총선에서 후보자의 자질이나 능력보다는 이미지가 더 중요한 요인으로 자리 잡게 되었는데, 주지하다시피 후보자들의 이미지는 그들의 객관적인 능력이나 자질 등에 비하여 공격하기 쉬운 특성을 지니고 있다. 이런 상황에서 상대 후보자 이미지에 흠집 내기는 매우 매력적인 선거전술이 될 수 있었다고 판단된다. 선거 막판이 되면서 상대 후보자의 이미지에 흠집을 내기 위한 흑색선전과 비방은 특히 익명성이 보장되는 인터넷 공간에서 많이 나타났다. 이미지 정치가 차후 선거에서도 매우 중요한 역할을 할 것이라는 가설이 타당하다면, 상대 후보자의 이미지를 공격하기 위한 후보자 비방은 앞으로 매우 늘어날 것으로 전망되며, 그러한 흑색선전과 비방이 난무하는 주공간으로서의 인터넷에 대한 관리는 향후 중앙선거관리위원회의 중요한 업무 분야로 자리 잡아야 할 것으로 사료된다.

Ⅳ. 선거제도에 대한 평가

2004년 3월 9일 국회를 통과한 개정 정치관계법은 크게 보아 두 가지 목적이 있다고 할 수 있다. 그 첫 번째 목적은 지금까지 한국의 선거를 얼룩지게 해왔던 부정부패를 말소시킴으로써 공명정대하고 깨끗한 선거풍토를 만들어내는 것이라 할 수 있다. 두 번째 목적은 1인 2표제라는 새로운 제도를 도입함으로써 국민의 선호가 선거결과에 보다 잘 반영되게 만드는 것이다. 이 절에서는 이러한 두 가지 목표들이 17대 총선에서 얼마만큼 이루어졌는지에 대한 여론조사기관의 평가를 알아보도록 한다. 아울러 인터넷이 17대 총선의 결과에 미친 영향에 대한 평가 또한 분석해보도록 하겠다.

　개정된 정치관계법이 공명선거를 정착하는 데 많은 기여를 하였다고 생각
하는가라는 질문에 대하여 모든 평가자들은 긍정적인 의견을 개진하였다.
즉 개정 정치관계법은 많은 후보자들이 구태를 벗어나 정해진 규칙 안에서
깨끗한 캠페인을 벌이도록 만들어 새롭고 공명정대한 선거문화를 창출해 나
가는 데 기여하였다고 평가한 것이다. 한 평가자의 경우 후보자들과의 접촉
을 통하여 느꼈던 점을 다음과 같이 말하고 있다. "여론조사를 의뢰하는 후
보자들과 미팅을 하면서 느꼈던 점은 지난 선거들과 비교하여 후보자들이
선거법에 무척 신경을 쓴다는 점이었다. 10년 이상 여론조사회사에 있으면
서 수많은 선거를 치러보았지만, 이번 17대 총선이 가장 깨끗한 선거였던
것 같다." 한 평가자가 피부로 느꼈던 이와 같은 후보자들의 정치관계법 준
수 의지는 50배 과태료·포상금, 회계책임자 제도, 선거범의 당선무효화 확
대 등 과거와 비교하여 보다 엄격해진 정치관계법과 이를 집행하기 위한 선
거관리위원회의 강한 의지 때문에 가능하였다고 볼 수 있다. 한편 2004년 4
월 5일에 실시된 SBS-TNS 유권자 여론조사 결과에서도 잘 나타나듯이, 응
답자의 절대다수인 88.5%가 개정 정치관계법이 '깨끗한 선거문화 정착을 위
하여 바람직하다'고 응답하여, 일반 국민들도 개정 정치관계법과 공명선거
사이에 높은 상관관계가 있다고 평가하고 있음을 알 수 있다. 이렇게 볼 때
개정 정치관계법이 공명선거의 정착에 많은 기여를 하였다는 점에 대해서는
이론의 여지가 없는 것으로 보인다.
　한편 개정 정치관계법은 금권선거와 조직선거 등의 폐해를 차단하기 위하
여 합동연설회, 정당연설회 폐지 등 후보자들이 유권자들과 접촉하여 자신을
알릴 수 있는 전통적인 방식을 폐지 혹은 제한시키고 그것을 대체할 새로운
제도들을 도입하였다. 그중 대표적인 것이 후보자간 TV토론회이다. 후보자간
TV토론회가 선거에 어떠한 영향을 미쳤다고 생각하는가라는 질문에 대해 여
론조사기관들은 TV토론회의 취지 자체에 대해서는 긍정적인 반응을 보였지
만 그 제도의 실효성 측면에서 많은 문제를 제기하였다. TV토론회 자체가 가
지는 긍정적 요인으로는 후보자간에 특정 쟁점들을 둘러싼 입장의 비교가 가

불법선거운동의 증가는 중앙선거관리위원회가 4월 12일 인터넷 실명제 적용을 유보하기로 한 결정에 많은 영향을 받았다는 주장이 존재한다(윤종빈 2004). 이러한 주장이 타당하다면 전산망 준비 부족, 그리고 실명제 적용대상과 비대상 인터넷 언론사간의 형평성 문제 때문에 17대 총선에서는 실시되지 못한 인터넷 실명제도 적극적으로 검토할 필요가 있을 것이다. 이러한 실명제의 도입 이외에도 인터넷 선거운동과 인터넷매체 보도내용 등을 전반적으로 관리 · 감독하기 위한 중앙선거관리위원회의 노력과 제도적 개선이 필요하다는 지적도 있었다.

한편 개정 정치관계법의 또 다른 중요한 축을 이루는 1인 2표제에 대하여 여론조사기관들이 어떻게 평가하고 있는지 알아보자. 사실 유권자들의 선호가 변하지 않고 그대로 유지되고 있어도 선거제도의 변화에 따라 매우 다른 선거결과가 나타난다는 점은 이미 오래전부터 알려져 온 사실이다(Arrow 1963; Riker 1982). 따라서 과거의 단순다수 소선거구제에서 1인 2표제로의 전환은 단순히 선거제도가 변하였다는 사실 이상의 많은 의미를 지닌다고 할 수 있다. 그럼 1인 2표제의 도입이 지니는 구체적 의미는 무엇인가? 우선 그러한 제도의 도입은 유권자 투표율이나 투표행태의 변화, 그리고 개별 정당의 손익함수 관계의 변화 등을 가져옴으로써 선거결과에 지대한 영향을 미친다는 점을 들 수 있다. 그렇지만 1인 2표제 도입의 보다 중요한 의의는 이 제도가 유권자들의 의견에 대한 보다 나은 반영을 가져온다는 데 놓여있다고 할 수 있다.

그렇다면 과연 1인 2표제가 과거의 선거제도와 비교하여 유권자의 의견을 보다 정확하게 반영하였다고 평가될 수 있는가? 이에 대하여 여론조사기관들이 어떻게 생각하고 있는지 알아보기 위해 "개정된 정치관계법(1인 2표제)이 유권자의 의사를 정확히 반영하는 데 기여하였다고 생각하십니까?"라는 질문을 하였다. 이 질문에 대하여 모든 여론조사기관들은 1인 2표제가 과거의 선거제도와 비교하여 유권자의 의사를 보다 정확히 반영하는 데 기여하였다고 평가하였다. 1인 2표제의 도입은 인물과 정당 사이에서 고민하던 유권자들에게 인물과 정당을 다르게 투표하게 함으로써 보다 많은 선택의 기회를 부여하여 주었다는 것이다. 유권자의 선택범위가 과거와 비교하여 훨씬 넓어졌기 때문에 유권자의 선호의 다양성이 보다 적절히 선거결과에 수렴되게 되었으며, 이는 궁극적으로 우리나라 정치권을 보다 다양하게 구성할 수 있게 만들었다는 평가도 있었다.

선거제도에 대한 마지막 질문은 인터넷이 개별 후보자들의 당락에 미쳤던 영향에 대한 평가와 연계되어 있었다. 지난 16대 총선에서 출마자들의 38% 정도가 홈페이지를 구축하고 있었던 반면, 17대 총선에서는 출마자의 84% 정도가 홈페이지를 만들었던 것으로 조사되었다. 4년이라는 기간 동안 인터넷 홈페이지 이용률이 비약적으로 증가한 것이다. 그러나 이러한 인터넷 사용의 양적인 증가에도 불구하고 대부분의 평가자들은 인터넷이 아직 선거결과에 중요한 영향을 미치고 있지 못하다는 데 의견의 일치를 보고 있었다. 이는 인터넷이 개별 후보자의 당락에 직접적인 영향을 미치지 못하고 있다는 판단에 기인한 것이다. 우리나라가 인터넷 강국이기는 하지만 고연령층은 아직도 인터넷이라는 매체에 익숙하지 않으며, 저연령층에서도 정치에 관심이 있는 소수의 사람들을 제외하고는 일부러 후보자들의 정보를 인터넷 공간에서 찾는 행동은 하지 않았을 것으로 생각되기 때문이다. 일단 온라인 선거운동에서 효과를 발휘할 수 있는 도구는 이메일인데, 현행법상 해당 지역 유권자들의 이메일주소를 추출할 방법이 없다. 간혹 유권자들의 이메일주소를 알아내서 선거운동 메일을 보낸다 하더라도 유권자들이 선거운동 메일을 귀찮은 스팸메일 정도로 여기는 경우가 많아 오히려 역효과가 발생할 확률이 높다. 이렇게 볼 때 인터넷 선거운동에 쏟아진 수많은 관심과 논의에도 불구하고 개별 후보자의 당락에 미친 영향은 미미하였다고 평가할 수 있다. 그러나 평가자들은 인터넷이 정당지지도에 영향을 미치고, 변화된 정당지지도가 다시 개별 후보자의 당락에 영향을 미칠 가능성이 존재한다는 측면에서 인터넷의 간접적인 영향은 어느 정도 인정하였다.

Ⅴ. 선거 과정 및 결과에 대한 평가

이 절에서는 후보자의 당락을 결정한 주요 요인, 이념·세대간의 갈등, 정치신인의 어려움, 감성정치의 영향 등에 대하여 여론조사기관들이 어떠한 평가를 내렸는지를 분석하여 보도록 하겠다. 먼저 후보자들의 당락 결정에 많은 영향을 미친 요인이 무엇이었는지에 대하여 알아보도록 하자. 예외 없이 모든 평가자들은 17대 총선에서 후보자의 당락을 결정한 주요 요인으로 대통령 탄핵 쟁점을 꼽았다. 탄핵세력 대 반탄핵세력으로 정당균열이 이루어지는 가운데 인물이나 정책 요인의 영향력은 급감하였고 대신 정당요인이 개별 후보자의 당락을 결정하는 핵으로 떠올랐다. 탄핵 쟁점이 유권자들의 투표결정에 막대한 영향을 미쳤음은 몇몇 여론조사의 결과에도 여실히 반영되어 있다. 3월 30일에 실시된 한국일보-MRI 여론조사 결과에 따르면 탄핵 쟁점 때문에 지지정당을 바꾸었다는 응답이 과반수에 가까운 48.5%로 탄핵 쟁점이 17대 총선에 미칠 엄청난 영향을 예상하게 하였다. 또한 17대 총선 이후 4월 17일~18일 실시된 한겨레신문-리서치플러스 조사결과에 따르면 총선에 가장 큰 영향을 미친 사건으로 응답자의 50.5%가 '탄핵안 통과'를 꼽음으로써 탄핵 쟁점의 중요성을 다시 한 번 확인할 수 있었다.[8]

한편 17대 총선에 나타난 이념·세대간의 갈등에 대해서 모든 평가자들은 2002년 16대 대선과 비교하여 그 영향력이 강화되었음을 지적하였다. 이념·세대의 영향력이 증폭된 데에는 정동영 의장의 노인폄하 발언이 매우 큰 역할을 하였다는 점에 있어서도 대체로 공감하는 분위기였다. 그러나 이러한 이념·세대간 갈등이 한국정치에 몰고 올 파장의 성격에 대해서는 의견의 불일치가 있었다. 이념·세대간 갈등을 부정적으로 보고 있는 평가자

---

8) 탄핵 쟁점 다음으로는 박근혜 한나라당 대표 당선(10.3%), 한나라당 차떼기 사건 (7.0%), 정동영 의장 노인폄하 발언(5.9%) 등의 순이었다.

들은 그것이 우리 사회의 분열과 갈등을 고착시킬 수 있다는 점에서 매우
깊은 우려를 표하였다. 그러나 그러한 우려가 전혀 근거 없다고 지적하는
평가자들은 사회적인 차원에서 세대효과는 매우 자연적인 현상이라는 점을
강조하였다. 즉 한국전쟁을 경험하였던 고연령층에서 나타나는 완고한 반공
주의와 민주화운동을 직간접적으로 경험하였던 30대~40대의 진보성은 자연
스러운 사회적 현상이라고 보아주는 것이 바람직하다는 것이었다.

한편 이념·세대갈등이 지니는 영향력의 증가는 선거결과에 영향을 미치
는 또 다른 변수인 지역주의와 연관하여 매우 흥미로운 가설을 만들어낸다.
과거 한국의 선거지형을 결정해왔던 지역주의가 세대·이념이라는 새로운
선거균열의 등장으로 퇴조할 것이라는 가설이다(강원택 2003). 대부분의 여
론조사기관은 17대 총선에서 지역주의가 비록 약화되기는 하였지만 아직까
지도 한국의 선거지형을 규정하는 중요한 요인으로 작동하고 있음을 지적함
으로써 위 가설이 적절치 않음을 지적하였다. 한 평가자는 호남지역 정당의
영남지역 대통령 당선, 지역색이 약한 열린우리당의 등장 등으로 인하여 지
역주의가 현저히 약화되고 20대~30대 진보성향의 열린우리당 지지자들과
40대 이상 보수성향의 한나라당 지지들 사이에 이념·세대 대결구도가 두드
러졌다고 평가하였지만, 이는 어디까지나 소수의 의견에 불과하였다. 그리고
토론자들은 그러한 소수의 의견에 대하여 다음과 같이 반박하였다. 열린우
리당이 영남지역에서 3석을 얻었고 과거 새천년민주당보다 높은 득표율을
보이기는 하였지만, 반대로 한나라당 입장에선 호남에서 여전히 단 한 석의 의
석도 얻지 못하였을 뿐만 아니라 호남지역 득표율도 과거 총선과 비교하여 오
히려 낮아졌고(15대 신한국당 17.6%→16대 한나라당 3.7%→17대 한나라당
0.4%), 충청지역에서도 16대 4석에서 17대 한 석으로 세력이 약화되었다는
것이다. 한 마디로 선거에 있어서의 고립지역이 과거 야당의 호남지역 고립
에서 영남지역 고립으로의 바뀌었을 뿐 지역주의는 여전하다는 말이다.

선거과정에서 정치신인들이 홍보수단의 부족으로 인하여 많은 어려움을
겪었다는 주장에 대하여 평가자들은 서로 다른 답변을 제시하였다. 한 평가

자는 정치신인들이 인지도면에서 열세를 보였던 것은 사실이지만 예비후보자로 등록할 경우 제한적인 선거운동이 가능하였고, 인터넷 등의 홍보수단의 발달로 과거와 비교하여 정치신인들의 선거운동이 실질적으로 확대된 것으로 판단하였다. 다른 평가자는 인지도 측면에서 정치신인들이 불리하였음에도 불구하고 17대 총선에서는 정치신인이라는 배경이 오히려 하나의 큰 장점으로 작동하였다고 주장하였다. 반면 세 번째 평가자는 명함 돌리기 이외에는 마땅한 홍보수단이 없었고 따라서 많은 정치신인들이 효과가 보장되어 있지 않은 인터넷에 집중하게 되었다고 주장함으로써 정치신인들이 많은 어려움을 겪었다고 판단하였다. 이 평가자는 정치신인에게도 현역의원과 동일한 활동공간을 선거운동 기간은 물론 평상시에도 보장하여 주는 것이 바람직하다고 지적하였다. 그러나 이렇게 될 경우 사전선거운동이 확대될 가능성이 높다는 점을 지적하지 않을 수 없다.

마지막으로 감성정치에 대한 평가자들의 의견을 알아보자. 평가자들은 전반적으로 감성정치가 선거결과에 많은 영향을 미쳤다는 반응을 보였다. 그리고 그러한 이미지에 호소하는 감성정치가 활성화된 이유를 바뀐 선거환경에서 찾고 있었다. 즉 정치관계법 개정으로 인하여 유권자와 후보자와의 접촉이 과거와 비교하여 극히 제한적이었고 미디어의 영향력이 점차 확대되어 가는 환경 속에서 정책이나 소신의 표출보다는 이미지 중심의 선거운동이 훨씬 효과적인 홍보수단이 되었다는 것이다. 선거환경 자체가 과거와 달라졌기에 감성에 호소하는 새로운 전략의 도입은 당연한 것이며, 결과적으로 유권자들의 지지정당의 선택 혹은 변경이라는 변화의 동인을 제공한 것으로 평가할 수 있다. 그리고 미디어와 인터넷의 확산에 따른 이미지 정치의 중요성이 점차 강화될 것이라 할 때 이러한 감성정치는 앞으로 다가올 선거에서도 자주 등장할 것으로 사료된다.

Ⅵ. 선거관리위원회 활동에 대한 평가

17대 총선에서 선거관리위원회가 보인 활동에 대한 평가는 크게 선거감독, 사무처리, 후보자 개인정보 검증, 그리고 정책제안 등 네 가지 부분으로 구성되어 있다. 먼저 여론조사기관의 선거관리위원회의 선거감독 활동에 대한 평가부터 알아보자. "선거관리위원회가 공명선거 정착을 위하여 선거감독 기능(선거법 위반행위 감시 등)을 공정하게 잘 수행하였다고 생각하십니까? 검찰이나 경찰 등과 비교하였을 때, 그리고 이전 선거와 비교하였을 때 어떻다고 볼 수 있는지를 평가해주시기 바랍니다"라는 질문에 대하여 모든 평가자들은 선거관리위원회가 비교적 공정하게 선거감독을 수행하였다고 평가하였다. 선거관리위원회의 감독이 워낙 철저해서 수많은 후보자들이 선거운동을 하기가 어려운 지경이라고 토로할 정도였으며, 관권·금권 선거라는 말 자체가 거의 자취를 감추게 되었다는 지적도 있었다.

그러나 선거관리위원회의 선거감독 활동 중에 몇 가지 아쉬운 점으로 지적된 것들도 있었다. 우선 인터넷 선거운동에 대한 실질적인 단속이 거의 이루어지고 있지 않았다는 점을 들 수 있다. 앞에서도 지적하였다시피 17대 총선에서 상대방 후보자에 대한 흑색선전과 근거 없는 비방이 인터넷 공간에서 널리 유포되었다. 그러나 이러한 네거티브한 인터넷 선거운동을 방지하기 위한 제도나 여건이 미처 마련되어 있지 않은 상황에서 인터넷 선거운동에 대한 선거관리위원회의 관리·감독은 매우 미온적일 수밖에 없었다고 보인다. 오프라인에서 보인 선거관리위원회의 철저한 선거감독 활동이 온라인으로까지 이어질 필요가 있다. 두 번째 문제로 일에 비하여 인력과 장비의 부족 등으로 효율성이 다소 떨어졌다는 점이 지적되었다. 이러한 문제를 해결하기 위하여 경찰이나 검찰과의 유기적 연계망을 구축함으로써 세 기관 간의 효과적인 업무분담을 창출할 필요가 있다는 제안이 있었다.

　선거관리위원회 활동에 관한 두 번째 질문은 선거관리위원회가 정치관계법 관련 질의 등에 대한 사무처리에 있어서 얼마나 성실하게 답변하여 주었는가를 묻고 있다. 이 질문에 대한 답변은 평가자에 따라 다양한 스펙트럼을 보여주었다. 한 평가자는 정치관계법에 관련하여 질문을 하였을 때 선거관리위원회로부터 비교적 성실한 답변을 받았다고 만족을 표하였다. 그러나 다른 평가자는 중앙선거관리위원회는 관련 질의 및 자료 요청에 비교적 성실하게 답변해주기는 하였으나, 지역선거관리위원회에 문의할 때에는 지역이나 개인에 따라 응대의 차이를 보이기도 하였다고 지적하였다. 중앙과 지역의 선거관리위원회간에 존재하고 있는 사무처리 서비스의 질적 격차를 완화시켜야 할 필요가 있다는 평가였다. 또 다른 평가자는 인터넷 홈페이지에서 개정 정치관계법의 실제 사례위주별 세부 사안에 대한 정보가 많이 부족하였으며, 또한 애매한 규정의 경우 중앙선거관리위원회와 지방선거관리위원회가 다른 해석을 내리는 경우가 있었다고 지적하면서 그다지 성실한 답변을 듣지 못하였다고 응답하였다. 이렇게 선거관리위원회의 사무처리 능력에 대하여 평가자마다 엇갈린 결론을 내리는 것은 중앙과 지방 선거관리위원회의 사무처리가 일관성 없이 진행되었을 가능성을 암시하고 있다. 중앙뿐만 아니라 모든 지방의 선거관리위원회도 통일되고 일관된 사무처리 서비스를 만들어내기 위한 노력이 절실하다고 할 수 있다.

　선거관리위원회 활동에 대한 세 번째 질문은 후보자들의 개인정보에 대한 검증이 제대로 이루어졌는가 하는 것이었다. 이 질의에 대하여 평가자들은 선거관리위원회가 다방면에 걸쳐 후보자에 대한 정보를 제공하기 위하여 노력한 것은 인정되지만 정보 자체를 후보자가 제출한 서류에 상당 부분 의존하는 경향을 보였기 때문에 정보의 검증과 관련된 문제들이 발생하였다고 지적하였다. 구체적으로 한 평가자는 허위학력 등 경력사항 허위 기재가 종종 문제가 되었는데, 이런 부분에 대하여 검증할 수 있는 서류를 강화할 필요가 있고, 경력의 경우 선거를 앞두고 급조된 연구소 소장 및 시민단체장들이 종종 나타나고 있어, 이에 대하여 판단을 할 수 있도록 단체 종사 연수도 함께 기재할 필요가 있다고 지적하였다. 만약 선거관리위원회가 제출한 자료를 일일이 검증하는 데 한계가 있다면, 허위사실을 제출한 후보자에 대하여 엄중 처벌할 수 있게 하여 허위사실 제출 자체를 원천적으로 막을 수 있는 방법의 도입이 요구된다는 제안도 있었다.

마지막으로 평가자들은 선거관리위원회의 활동과 관련하여 다음과 같은 제안들을 내놓았다. 첫째, 공식 선거운동 개시일부터 선거일의 투표마감 시각까지 여론조사 결과의 공표를 금지하고 있는 선거법 제108조의 개정이 필요하다고 제안하였다. 이는 모든 여론조사기관 응답자들이 공통적으로 제시한 정책제안이며, 그러한 정책제안의 이유로 다음과 같은 이유들을 제시하였다. ① 선거 막바지에 실시된 여론조사 결과가 유권자의 투표행태에 영향을 준다는 여러 이론들, 예를 들어 밴드웨건 효과(Bandwagon Effect)나 언더독 효과(Underdog Effect)는 아직 과학적으로 입증되지 않았다. ② '거여견제론'이나 '거야부활론'에서 잘 나타나다시피 검증되지 않은 유언비어가 난무하는 사태를 만들어내고 있어 유권자들을 더욱 혼란스럽게 한다. ③ 인터넷 사용의 확대로 인하여 여론조사 결과의 발표 금지는 한계에 봉착하였다. 만약 일본 언론이 한국의 여론조사기관에 선거조사를 의뢰하여 그 결과를 일본 홈페이지에 게재한다면 이를 처벌할 수 있는가? ④ 세계적인 추세가 금지기간을 폐지하거나 단축하고 있다. 이상과 같은 네 가지 이유를 들어 평가자들은 여론조사 결과의 공표 금지기간을 최소화할 필요가 있다고 제안하였다. 둘째, 출구조사 거리제한(100M) 조항이 개정되어야 한다고 주장하였다. 평가자들은 거리제한 조항은 출구조사의 생명인 체계적인 응답자 선정을 어렵게 만들며, 이러한 점이 정확한 선거결과 예측을 어렵게 한다는 점에서 폐지가 필요함을 강조하였다. 셋째, 앞으로 더욱 확대될 것으로 예상되는 인터넷상의 공식·비공식 선거운동에 대한 관리·감독을 강화할 수 있는 법적 토대 및 시스템 구비가 매우 시급하다고 지적하였다. 넷째, 선거관리위원회는 유권자들의 투표 독려를 위한 활동을 더 강화함으로써 보다 나은 참여민주주의의 발전을 도모할 필요가 있다고 제안하였다. 텔레비전과 신문의 광고 등을 통하여 투표참여에 대한 홍보를 더욱 확대하고, 투표시간을 연장하거나, 부재자 투표소 설치요건을 완화하는 등 보다 많은 시민이 투표에 참여할 수 있는 방안을 고려해야 할 필요가 있다고 보았다. 다섯째, 각 정당의 공천과정에서 발생하는 문제들을 해결하기 위하여 선거관리위원회의 관리와 감독이 필요하다고 주장하였다. 이 정책제안에 모든 여론조사기관이 동의한 것은 아니었다. 정당의 일에 선거관리위원회가 개입하는 것은 사적인 정치 단체에 대한 정부의 지나친 개입일 수 있다는 소수의 의견도 존재하였다. 그러나 비록 정당 자체는 사적 조직으로 간주될 수 있다고 하더라도 정당의 목적과 행위가 공적 영역에 놓여 있기 때문에 일정 정도 규제가 가능하며 또 필요하다는 것이 전반적인 의견이었다.

VII. 결 론

지금까지 여론조사기관에서 17대 총선을 어떻게 바라보고 있는지에 대하여 알아보았다. 17대 총선에 대한 여론조사기관들의 평가를 간략하게 정리하면 다음과 같다. 첫째, 상향식 공천과정의 도입이 한국의 선거과정을 보다 민주적으로 이루어지게 한 성과는 있었으나, 보다 나은 공천제도의 확립을 위해서 선거관리위원회가 공천과정을 관리·감독하는 방안도 적극적으로 검토되어야 할 것이다. 둘째, 개정 정치관계법의 존재와 선거관리위원회의 강력한 법 집행 의지는 금권·조직동원 선거를 거의 사라지게 함으로써 과거 그 어느 때보다도 깨끗한 선거를 이끌어내었다. 셋째, 1인 2표제의 도입은 다양한 유권자들의 의견이 선거결과에 보다 잘 반영되게 함으로써 민의 수렴의 측면에서 매우 긍정적인 효과를 만들어내었다. 넷째, 17대 총선에서는 온라인상에서 상대방 후보자에 대한 흑색선전이나 근거 없는 비방 등이 많이 발생하였는데, 이러한 인터넷 선거운동에 대한 선거관리위원회의 관리·감독이 필요하다. 다섯째, 이념·세대 갈등의 영향력이 2002년 대선에 이어 17대 총선에서도 지속·강화되고 있었으나 아직 지역주의의 영향력을 넘어서고 있지 못한 것으로 드러났다. 여섯째, 대통령 탄핵 쟁점은 17대 총선에서 인물·정책 요인들보다는 정당요인이 선거결과에 보다 많은 영향을 미치게 만들었으며, 열린우리당의 과반수 의석 점유에 결정적인 역할을 하였다. 일곱째, 선거관리위원회는 매우 공정하게 선거감독 활동에 임하였으나 사무 처리 면에서 약간의 문제가 있었다고 지적되었다.

선거관리위원회의 활동과 관련해서 여론조사기관들이 내놓았던 정책적 제안은 앞에 정리하여 놓았다. 여기서는 이미 정리한 정책적 제안과 겹치지 않는 범위 내에서 한국의 선거제도와 문화의 발전을 위한 몇 가지 제안을 덧붙이고자 한다.

첫째, 고연령층 유권자의 소외 현상에 대한 대책 마련이 시급하다. 개정 정치관계법에 의하면 합동연설회나 정당연설회 등 기성세대에 낯익은 선거운동 방식을 폐지하고 대신 인터넷 중심의 선거운동을 장려하고 있다. 이 법안이 지니고 있는 문제는 고연령층의 인터넷 사용률이 매우 낮다는 점을 간과하고 있다는 것이다. 20대의 약 90%가 인터넷을 이용하는 반면 50대 이상의 9.3%만이 인터넷을 사용한다(윤종빈 2004). 이런 상황에서 인터넷 선거운동에만 초점을 맞춘다면 후보자들이 50대 이상의 고연령층에게 자신을 알릴 수 있는 기회는 거의 없어진다는 것을 의미한다. 이와 같이 대다수의 고연령층들이 선거운동 과정에서 소외되지 않게 하기 위한 적절한 제도적 장치가 필요하다고 할 수 있다.

둘째, 개정 정치관계법에 의하여 폐지된 지구당은 언젠가는 복구되어야 할 필요가 있다. 그동안 '돈 먹는 하마'로 불리며 한국의 선거에서 부정부패의 온상으로 지목되어온 지구당은 17대 총선에서 전적으로 폐지되었다. 이로 인하여 돈과 연계된 불법적 선거운동이 많이 줄어들었다는 평가가 있었다. 그러나 지구당의 폐지는 정치참여의 감소를 유발하였다는 문제가 있다. 로젠스톤과 한센(Rosenstone and Hansen 1993)에 따르면 유권자들의 정치참여 여부는 정당의 동원 노력에 상당 부분 좌우된다고 한다. 즉 정치참여는 유권자들이 자발적으로 하는 것 이외에도 정당이 유권자에 접근하여 정치에 참여하도록 유도함으로써 이루어지기도 한다는 것이다. 한국의 선거에서 지구당의 역할은 비록 금권선거로 얼룩지기는 하였지만 보다 많은 유권자들을 정치에 참여시켰다는 순기능적 역할도 하였다고 볼 수 있다. 따라서 강력한 개정 정치관계법하에서 금권선거 행태가 어느 정도 사라지고 나면 다시 지구당을 부활시켜 보다 많은 정치참여를 이끌어낼 필요도 있을 것이다.

마지막으로 출구조사를 비롯한 선거조사에 대한 사회적 필요성이 널리 인식되고 응답자의 피해의식이 없어질 수 있는 사회적 공감대가 확충되어 유권자들이 성실하게 조사에 응하고 솔직하게 응답을 밝힐 수 있는 원활한 조사환경이 담보되어야 할 필요가 있다. 여론조사기관 응답자들은 17대 총선 여론조사에서 가장 어려웠던 점을 국민 사이에 상당 부분 퍼진 여론조사 방법에 대한 오해와 그 결과에 대한 불신으로 꼽고 있다. 일부 정치권에서 제기된 "여론조사를 조작하기 위하여 50대 이상 나이든 사람이 전화를 받으면 끊어버린다"는 식의 근거 없는 주장은 여론조사도 정치적 행위의 대상이기 때문에 마음속의 생각을 사실대로 말해 줄 필요가 없다는 뉘앙스를 풍기고 있었다. 공익적 목적의 조사를 개별 정당의 정치적 목적을 달성시키기 위하여 왜곡시키는 위와 같은 행위뿐만 아니라 이런 행위를 용인하는 문화는 반드시 극복되어야 할 것으로 사료된다.

제 3 장

선거 과정과 결과에 대한 당선자와
낙선자의 인식 차이

Ⅰ. 서 론

이 장에서는 선거에 참여한 출마자들이 선거 과정과 결과를 인식함에 있어서 당락 여부에 따라 어떤 차이를 보이는가를 분석하고 있다. 구체적으로 본 연구는 유권자들에 대한 정치인들의 믿음이 당선자들과 낙선자들 사이에서 차이를 보인다는 킹던(Kingdon 1967)의 주장과 논리를 수용하여 선거과정 만족도와 당락 결정요인에 대한 당선자들과 낙선자들의 인식 차이를 설문조사 결과를 토대로 경험적으로 분석하였다.[1] 그리고 기존 연구에서 표본수의 문제로 인해 진행시킬 수 없었던 다양한 통제집단들을 설정하여 킹던의 주장과 논리가 한국의 사례에서도 적실성을 가질 수 있는지 여부를 다각도로 검증하여 보았다.

현실적으로 선거의 최일선에서 그 과정을 주도하고 당락의 희비를 경험하게 되는 출마자들이 선거 과정과 결과를 어떻게 느끼고 평가하는가에 대한

---

1) 본 연구의 설문조사는 중앙선거관리위원회가 지원한 '제17대 국회의원선거 평가와 정책 제안' 프로젝트의 일환으로 이루어졌다. 이 프로젝트의 경우 선거환경, 선거제도, 선거문화, 선거과정, 선거결과, 선거관리위원회의 활동에 대하여 17대 총선의 출마자들이 전반적으로 어떠한 평가를 내리고 있는지를 파악하기 위한 목적으로 수행되었다. 지금까지 한국의 선거 관련 설문조사가 유권자 중심으로 진행되었다는 점을 고려할 때 본 연구에서 사용하고 있는 출마자 설문조사 결과는 향후 관련 연구들을 진행시킴에 있어 중요한 자료가 될 것으로 사료된다.

연구는 중요한 의미를 갖는다. 하지만 지금까지 국내외적으로 이에 대한 연구가 미진하였다.[2] 그 이유는 선거결과의 직접적인 이해당사자인 출마자들이 선거과정을 유권자나 전문가집단만큼 객관성 있게 평가하기 힘들고, 대의민주주의에서 대표자 선출의 궁극적인 권한은 유권자에게 있으므로 선거결과는 유권자의 대표자 선택기준(투표행태)을 분석하는 것이 보다 적실성을 갖는다는 인식이 팽배하여 있기 때문이다. 또한 불특정 다수의 유권자들을 대상으로 한 설문조사와 비교하여 특정한 소수의 출마자들을 대상으로 하는 설문조사의 경우 연구자 개인 수준으로 진행시키기 어려운 인적·금전적 문제점과 더불어 설문대상자에 대한 접근 또한 어렵다는 점이 애로사항으로 작용하여 왔다.

  그러나 선거 출마자들은 최일선에서 그 과정을 주도하고 경험하게 되기 때문에 현행 선거과정과 관련된 법적·제도적 문제점들을 누구보다도 잘 알 수 있는 것이 사실이다. 뿐만 아니라 출마자들은 선거 이후 유권자의 대표자 선택기준, 다시 말해 자신의 당락에 결정적인 영향을 미친 요인이 무엇인가를 스스로 평가한 이후 그 인식(믿음)에 기반하여 정치적 행동과 판단을 하게 된다는 점에도 주목할 필요가 있다(Dexter 1969, 151-175; Kingdon 1967; Miller and Stokes 1963). 즉 선거결과에 대한 출마자들의 인식은 선거 이후 그들의 지역구활동, 의정활동, 정당활동, 선거전략 등의 정치활동과 정책결정에 영향을 미칠 가능성이 높다는 점에서 연구의 중요한 의미를 갖는다.[3]

---

2) 1967년 『미국정치학회보』(*American Political Science Review*)에 게재된 킹던의 논문은 선거 과정과 결과에 대한 출마자들의 인식 문제를 경험적으로 분석한 최초의 연구가 될 것이다. 그리고 이후 1973년 같은 학술지에 실린 김종림과 래체터(Kim and Racheter 1973)의 논문은 킹던의 주장과 논리를 보다 정교화시켜 검증하고, 제한된 수준에서 이를 비판하고 있다는 점에서 높게 평가된다. 국내적으로도 정치인들에 대한 설문조사와 면접조사를 통하여 지역구활동(윤종빈 2000·1999)과 선거자금 조달 및 지출(임성학 2002)의 문제를 분석한 연구들이 존재하지만, 본 연구와 같이 선거 과정과 결과에 대한 출마자들의 인식 문제를 직접적으로 다룬 기존 연구는 존재하지 않는다.

3) 예를 들어 지역구활동이 부진하여 낙선하였다고 믿는 낙선자들은 다음 선거에서 승리하기 위하여 무엇보다도 지역구활동에 역점을 둔 정치활동을 전개할 가능성이 높다. 뿐만 아니라 당락을 결정짓는 데 가장 중요한 요인으로 개인의 경력 및 자질과

따라서 선거 이후 그 과정과 결과에 대한 유권자들과 전문가집단의 평가 및 인식만큼이나 선거에 참여한 출마자들의 평가와 인식 또한 반드시 함께 고려하여 보아야 할 사항이다. 선거과정에서 나타나는 실질적인 문제점들을 다각적으로 파악하고, 원만한 사회적·정치적 합의를 통하여 법적·제도적 정비와 개선방안을 마련하기 위해서는 선거 과정과 결과에 대한 유권자들과 전문가집단의 평가뿐만 아니라 후보자로서 선거과정을 직접적으로 경험한 출마자(당선자와 낙선자)들의 평가와 인식도 함께 파악되고 분석되어야 한다. 또한 이러한 조사와 연구는 선거 이후 의정활동이나 정당활동 등에 있어서 정치인들의 판단과 행동을 이해하고 예측할 수 있는 또 하나의 준거 틀도 마련하여줄 수 있다.

II. 기존 연구의 고찰과 대안적 접근방법 모색

선거 과정과 결과에 대하여 당선자들과 낙선자들의 인식이 어떠한 차이를 보이는가에 대한 연구는 앞서 지적한 바와 같이 킹던의 경험적 연구가 선구적이다. 킹던은 1964년 위스콘신 주 공직선거 출마자 66명에 대한 '구조화된 면접조사'(*structured interviews*) 결과를 토대로 당선자들과 낙선자들의 유권자에 대한 믿음이 상대적으로 차이를 보인다는 사실을 경험적으로 밝혀낸 바 있는데,4) 그의 핵심적인 연구결과들을 정리하면 다음과 같다.

같은 후보자 요인을 지적한 당선자들과 소속 정당 및 그 정당의 정책과 같은 정당 요인을 지적한 당선자들은 향후 정당활동을 수행함에 있어 행태적 차이를 보일 수 있다.

4) 킹던은 위스콘신 주를 대상으로 연방 상원선거 출마자 4명, 연방 하원선거 출마자 20명, 연방 주 공직 출마자 10명, 주 상원선거 출마자 8명, 주 하원선거 출마자 24명을 대상으로 연구를 수행하였다.

첫째, 당선자들은 유권자들이 자신들의 선거운동에 대하여 관심을 가지고 있었다고 믿는 반면, 낙선자들은 그렇지 않다고 믿는다. 둘째, 당선자들은 유권자들이 선거쟁점들에 대한 후보자들의 입장을 잘 인지하고 있다고 믿는 반면, 낙선자들은 그렇지 않다고 믿는다. 셋째, 당선자들은 유권자들이 후보자 요인을 중시하여 투표함에 따라 당선되었다고 믿는 반면, 낙선자들은 유권자들이 맹목적으로 정당요인에 기반하여 투표함에 따라 낙선되었다고 믿는다. 넷째, 연구결과를 종합할 때 당선자들은 '자축'(congratulation)하는 경향을 보이는 반면, 낙선자들은 '정당화'(rationalization)하는 경향을 보인다. 즉 당선자들은 근면성, 지역구활동, 선거전략, 선거운동방식, 개인적 명성과 인지도 등 후보자 요인에 의하여 선거에서 승리하였다고 믿는 경향을 보이는 반면, 낙선자들은 소속 정당, 중앙 및 주의 정치적 동향, 자금부족, 개인적으로 통제할 수 없는 선거상황 등 비후보자 요인에 의하여 선거에서 패배하였다고 믿는 경향을 보인다.

킹던의 연구는 심리적 요인으로 인하여 유권자들에 대한 정치인들의 믿음이 당선자들과 낙선자들 사이에서 차이를 보인다는 점을 경험적으로 밝혀낸 최초의 논문이라는 점에서 중요한 의미를 갖는다.[5] 그리고 그의 연구는 선거결과, 선거전략, 선거 이후 정치인들의 판단과 행동, 선거구민과 대표자의 관계, 대의민주주의에서 선거의 역할 등과 관련하여 많은 연구과제와 함의를 제공한다는 점에서도 상당한 파급효과를 가질 수 있다.[6] 다만 연구대상이 특정 선거 시점 위스콘신 주 하나의 소수 출마자들로 한정되어 있었다는

---

5) 이 문제와 관련하여 정치적 신념 내지는 믿음이 사회경제적 요인보다는 심리적 요인에 기반하여 형성된다는 스나이더만과 씨트린(Sniderman and Citrin 1971)의 연구는 참고할 만하다.

6) 김종림과 래체터는 킹던의 연구가 대의민주주의에서 선거의 역할과 관련하여 이론적 함의를 가질 수 있다고 지적한 바 있다(Kim and Racheter 1973, 906). 즉 킹던의 연구는 선거를 통하여 당선자들은 유권자들의 '능력'(competence)-높은 선거 관심, 정확한 선거 쟁점 및 후보자 입장 인식, 지적·합리적 선택-에 대한 긍정적인 믿음(인식 변화)을 형성하게 되고, 이로 인하여 향후 유권자들을 의식한 책임 있는 정치 활동을 전개할 가능성이 높다는 점을 시사하고 있다.

점, 선거 종류의 차이를 고려하지 않고 분석하였다는 점, 그리고 선거를 전후로 한 정치인들의 인식 변화를 파악할 수 없다는 점에서 킹던의 연구는 한계가 존재하기 때문에 제한적인 수준에서 의미를 갖는 것이 사실이다. 특히 킹던의 연구는 적은 표본 수의 문제로 인하여 현직 여부, 선거출마 경험 여부 등과 같은 조건들을 통제하여 연구가설을 검증하지 못하였기 때문에 그의 연구결과는 보다 다양한 차원에서 검증될 필요가 있다.

킹던의 논문이 발표된 이후 출마자들의 인식 문제와 관련한 후속 연구는 제대로 진행되지 못하였다. 그러나 1970년 아이오와 주 총선 출마자 전원을 대상으로 선거 전후 '우편설문조사'를 실시하여 당선자들과 낙선자들의 인식 변화를 경험적으로 검증하고, 제한된 수준에서 킹던의 주장을 비판한 김종림과 래체터(Kim and Racheter 1973)의 연구는 주목할 필요가 있다. 김종림과 래체터는 킹던의 논리와 주장은 선거를 전후로 실시한 설문조사 결과를 토대로 유권자들에 대한 당선자들과 낙선자들의 인식 변화를 비교하여 고찰할 때 비로소 명확하게 검증될 수 있다는 문제를 제기하였다. 그리고 사회심리학자 페스팅거(Festinger 1957)가 주창한 '인지 부조화'(cognitive dissonance)의 개념을 동원하여 유권자들에 대한 당선자들과 낙선자들의 인식 변화(자축과 정당화의 경향)는 선거 이전 결과에 대한 예상·기대가 선거 이후 실제 선거결과가 차이를 보일 때 발생하게 된다는 점을 경험적으로 밝혀내었다. 김종림과 래체터의 연구는 선거 전후로 표본의 수를 159명으로 늘려 설문조사를 실시하였고, 킹던이 주창한 당선자 자축과 낙선자 정당화의 논리가 일반적인 수준이 아닌 제한적인 수준에서 통용될 수 있다는 점을 경험적으로 밝혀내었다는 점에서 중요한 의미를 갖는다. 그러나 김종림과 래체터 역시 킹던과 마찬가지로 분석대상을 통제하여 연구가설을 검증하지 않았다는 점에서 향후 보다 세부적인 차원에서 그 주장의 적실성을 검증할 필요가 있다.

본 연구의 경우 중앙선거관리위원회 프로젝트의 일환으로 17대 총선 이후 실시된 출마자 설문조사 결과를 토대로 당선자들과 낙선자들의 선거 과정과 결과에 대한 인식 차이 문제를 분석하고 있기 때문에 킹던과 김종림·래체터의 연구에서 논의된 사항들을 직접적으로 도입할 수는 없다. 따라서 본 연구는 다음과 같은 분석의 경계를 설정하고 대안적 접근방법을 마련하여 킹던과 김종림·래체터의 연구와는 다소 차별화된 관점에서 연구를 진행시키고자 한다. 첫째, 본 연구는 이미 수집된 설문조사 자료에 기반하여 연구를 진행하고 있기 때문에 선거 전후로 실시한 설문조사 결과를 토대로 연구를 진행시킨 김종림과 래체터의 주장을 검증할 수는 없다. 김종림과 래체터의 주장을 검증하는 작업이 필요하고 중요하다는 점은 충분히 인정되지만 현실적으로 연구자 개인 수준에서 선거 이전 출마자들을 대상으로 설문조사를 실시하기에는 많은 어려움이 존재하였던 것이 사실이다. 그러므로 본 연구에서는 연구자료의 특성을 고려하여 기본적으로 킹던의 주장과 논리를 토대로 연구가설을 정립하여 검증하고자 한다.

둘째, 본 연구가 활용하고 있는 설문조사는 유권자들에 대한 정치인들의 믿음을 파악하기 위한 목적으로 진행된 것이 아니기 때문에 킹던의 연구와 동일한 설문을 사용하여 그 주장과 논리의 적실성을 검증할 수 없는 어려움이 존재한다. 선거결과에 대한 출마자들의 인식을 파악할 수 있는 설문은 본 연구의 설문조사에도 포함되어 있지만, 유권자들의 선거관심도와 정책쟁점 및 후보자 입장에 대한 인지능력 등과 관련한 출마자들의 인식을 파악할 수 있는 설문은 포함되어 있지 않다. 그러므로 본 연구에서는 선거과정 만족도라는 새로운 영역을 설정하여 킹던의 주장과 논리가 적실성을 갖는지 여부를 분석하고 있다. 이와 같은 대안적 시도는 킹던의 주장과 논리가 새로운 영역에서도 통용될 수 있는가를 검증함으로써 이론 적용의 외연을 넓힐 수 있다는 점에서 의미를 갖는다.

셋째, 본 연구는 현직 여부, 선거출마 경험 여부, 교섭단체 여부를 통제한 상태에서 선거 과정과 결과에 대한 당선자들과 낙선자들의 인식 차이를 살펴봄으로써 킹던과 김종림·래체터의 연구와 차별화를 시도하고자 한다.[7]

---

7) 본 연구에서는 현직 여부, 선거출마 경험 여부, 교섭단체 여부를 통제하여 킹던의 주장과 논리의 적실성을 검증하고 있다. 그 이유는 당락 여부를 떠나 현직의원 출마자

킹던과 김종림·래체터의 연구는 본 연구와 비교하여 상대적으로 설문조사
의 표본 수가 적기 때문에 통제된 집단을 대상으로 연구가설을 검증하기 힘
들었던 것이 사실이다. 그러나 킹던의 주장과 논리는 통제된 집단에서도 적
실성을 가질 수 있는지 여부를 검증할 때, 다시 말해 경험적 분석의 엄밀성
을 제고할 때 보다 큰 의미를 가질 수 있다. 그리고 특정 통제 수준에서 킹
던의 주장과 논리가 적용되지 않는 것으로 나타날 경우 적실성에 대한 비판
뿐만 아니라 그 이유와 함의를 고찰해볼 수 있는 계기를 마련할 수 있다는
점에서도 중요한 의미를 가질 수 있다고 판단된다.

III. 유형화와 연구가설 정립

본 연구는 킹던의 주장과 논리를 토대로 선거 과정과 결과에 대한 당선
자들과 낙선자들의 인식 차이를 분석하기 위하여 다음과 같은 유형화를 시
도하고 연구가설을 정립하고 있다. 우선 선거과정에 대한 당선자들과 낙선
자들의 인식 차이 문제와 관련 출마자들의 당락 여부 및 선거과정 만족도를
기준으로 <표 3-1>과 같은 유형화를 통해 "당선자들의 경우 낙선자들과 비
교하여 선거과정에 대한 만족도가 상대적으로 높을 것이다(I유형과 IV유형

들과 비현직의원 출마자들 사이, 선거출마 경험이 있는 출마자들과 선거출마 경험이
없는 출마자(정치신인)들 사이, 그리고 주요정당 출마자들과 군소정당 출마자들 사
이의 선거 과정과 결과에 대한 인식이 차이를 보일 가능성이 존재한다고 보기 때문
이다. 예를 들어 현직의원 출마자들은 비현직의원 출마자들과 비교하여 선거과정상
제도적 이익을 향유하는 것이 일반적이며, 이전 선거에서 개인적인 자질과 능력을
인정받아 당선되었다고 볼 수 있다. 그러므로 현직의원 출마자들과 비현직의원 출마
자들이 자축과 정당화의 경향을 보이지 않는 이상 당락 여부에 따라 선거 과정과
결과에 대한 평가가 큰 비율로 차이를 보일 가능성은 적은 것이 사실이다.

에 상대적으로 많은 사례들이 존재할 것이다)"라는 연구가설을 정립할 수 있다. 킹던의 주장과 논리를 고려할 때 선거과정의 경쟁성과 공정성이 실질적으로 어떻게 보장되었는지 여부를 떠나 당선자들은 선거과정상의 불만들을 낙선자들보다 덜 표출할 가능성이 높다. 왜냐하면 당선자들은 선거과정상의 어려움과 불만이 존재하였더라도 개인적 노력과 우수성으로 그러한 문제점들을 극복하고 당선되었다고 자축할 가능성이 높은 반면, 낙선자들은 선거과정상의 어려움과 불만이 별로 없었더라도 그 문제점들을 지적하며 자신의 낙선을 정당화시킬 가능성이 높기 때문이다.

〈표 3-1〉 당락 여부와 선거과정 만족도 유형화

선거과정 만족도 ＼ 당락 여부	당 선	낙 선
높 음	Ⅰ유형	Ⅱ유형
낮 음	Ⅲ유형	Ⅳ유형

다음으로 선거결과에 대한 당선자들과 낙선자들의 인식 차이 문제는 당선자들의 경우 개인적 수준에서 통제가 가능한 요인들로 인하여 자신이 당선되었다고 믿는 경향을 보이는 반면, 낙선자들의 경우 개인적인 수준에서 통제가 불가능한 요인들로 인하여 낙선되었다고 믿는 경향을 보인다는 킹던의 연구결과를 그대로 수용하여 다음과 같은 유형화를 통한 연구가설의 정립이 가능하다고 판단된다. 즉 출마자들의 당락 여부와 당락 결정요인－후보자 요인과 비후보자 요인의 두 가지 분류－을 기준으로 아래의 〈표 3-2〉와 같은 유형화를 통해 "당락 결정요인에 있어 당선자들은 후보자 요인을 강조하는 경향을 보이는 반면 낙선자들은 비후보자 요인을 강조하는 경향을 보인다(A유형과 D유형에 상대적으로 많은 사례들이 존재할 것이다)"라는 연구가설을 정립할 수 있다.

〈표 3-2〉 당락 여부와 당락 결정요인 유형화

당락 여부 당락 결정요인	당 선	낙 선
후보자 요인	A유형	B유형
비후보자 요인	C유형	D유형

Ⅳ. 연구자료와 조작화

본 연구는 중앙선거관리위원회의 후원으로 진행된 '제17대 국회의원선거 평가와 정책 제안' 연구의 일환으로 한국갤럽조사연구소가 2004년 6월 23일부터 7월 20일까지 17대 총선 출마자 1,167명 전원을 대상으로 실시한 설문조사 자료를 사용한다. 이 설문조사는 설문 대상자들에게 사전 연락을 취하여 약속을 잡은 이후 '구조화된 설문지'(structured questionaire)에 기반을 둔 방문 면접조사를 통하여 이루어졌으며, 설문조사 대상자의 사정과 요구에 따라 우편, 팩스, 이메일 발송 및 회신의 방법을 병행하여 사용하였다. 이를 통하여 설문조사에 응하지 않았던 출마자들을 제외한 총 458명(전체 출마자의 39.2%)의 설문조사 자료를 얻을 수 있었다.

<표 3-3>은 설문조사의 응답자 특성을 당락 여부별, 공천정당별, 지역별, 성별로 구분하여 표본과 모집단의 비율을 함께 제시한 것이다.[8] 표에서 살펴볼 수 있듯이 몇 차례의 추가적인 설문조사과정을 거침에 따라 응답자 특성의 표본 비율은 모집단 비율과 상당히 근접한 특징을 보이고 있음을 알 수 있다.[9]

---

8) 모집단 비율은 중앙선거관리위원회 홈페이지(http://www.nec.go.kr)에 제시된 17대 총선 출마자 통계자료를 참고하였다.

〈표 3-3〉 설문조사 응답자 특성과 모집단 비율

구 분		응답자		모집단 비율 (%)
		사례수	비율 (%)	
전 체		458	100.0	
당락 여부별	당 선	108	23.6	20.7
	낙 선	350	76.4	79.3
공천정당별	열린우리당	104	22.7	20.7
	한나라당	82	17.9	18.6
	기타정당 및 무소속	272	59.4	60.9
지역별	서 울	106	23.1	21.3
	인천 / 경기	114	24.9	24.4
	대전 / 충청	47	10.3	10.6
	광주 / 전라	50	10.9	12.3
	대구 / 경북	51	11.1	12.2
	부산 / 울산 / 경남	74	16.2	16.0
	강원 / 제주	16	3.5	4.1
성 별	남 자	432	94.3	94.4
	여 자	26	5.7	5.6

다음으로 조작화 문제와 관련하여 본 연구에서는 출마자들의 선거과정 만족도를 구체적으로 측정하기 위하여 설문항들 중 선거과정의 공정성을 파악할 수 있는 다섯 개의 설문항−구체적으로 금권선거 차단 여부, 선거비용 사용량, 새로운 정치관계법에 대한 평가, 타 후보자의 비방 문제, 선거관리위원회 감시·감독활동 공정성 문제−을 종합하여 선거과정 만족지수를 산출하고 있다. 본 연구에서 출마자들의 선거과정 만족도를 선거과정의 공정성 문제와 연관하여 파악하고 있는 이유는 공정한 선거경쟁이 확고히 보장될수록 출마자들의 선거과정에 대한 만족감은 높다고 판단되기 때문이다.

---

9) 당선자 집단과 낙선자 집단을 보다 세부적으로 각기 분리하여 살펴보더라도 응답자 특성의 표본 비율과 모집단 비율은 매우 근접하여 있다. 이에 대한 자세한 내용은 동서문제연구원·국제지역연구소(2004)의 부록을 참고하기 바란다.

한편 세부적인 설문항 선정과 관련해서는 다음과 같은 점들을 고려하였
다. 첫째, 금권선거 차단 여부와 선거비용 사용량의 경우 한국의 선거에서
금권·부정선거의 문제는 선거 때마다 지속적으로 제기되었다는 점에서 선
거과정 만족도를 파악함에 있어 반드시 포함시킬 필요가 있다. 둘째, 새로운
정치관계법에 대한 평가는 17대 총선의 경우 금권선거와 조직선거의 병폐를
근절시키기 위한 목적하에 획기적으로 정치관계법을 개정하여 실시되었다는
점에서 이에 대한 논란과 출마자들의 평가는 선거과정 만족도를 파악할 수
있는 하나의 중요한 기준이 될 수 있다.[10] 셋째, 타 후보자의 비방 문제는
출마자들이 정당한 방법을 사용하여 지지자를 동원하지 않고 상대방에 대한
비방을 통하여 반사이익을 얻고자 할 경우 선거과정은 혼탁해지고 공정성이
훼손된다는 점에서 선거과정 만족도를 파악하는 데 유용하다. 넷째, 선거관
리위원회 감시·감독활동 공정성 문제는 선거관리위원회가 헌법상 독립기관
으로서의 지위와 권한에 걸맞게 중립적으로 선거과정을 감시·감독하였는가
의 여부는 선거과정 만족도를 파악할 수 있는 중요한 기준이 된다.

  그리고 본 연구가 선거과정 만족지수를 산출하고자 하는 데에는 다음과
같은 현실적인 이유들 또한 존재하였다. 첫째, 17대 총선 출마자 설문조사의
경우 선거과정 만족도를 직접 측정할 수 있는 설문항이 존재하지 않았다.
둘째, 대다수 설문항들이 5점 척도로 구성되어 있어서 지수를 만들어내기
용이하였다. 그러나 출마자들이 선거과정 만족도를 직접 기입할 수 있도록
한 설문항이 존재한다고 하더라도 선거과정 만족도를 평가할 수 있는 세부
적인 기준과 비중이 출마자들마다 차이를 보일 수 있다는 점을 상기할 필요
가 있다. 그러므로 출마자들의 선거과정 만족도를 보다 타당하게 측정하기
위해서는 다양한 관련 설문항들을 선별하여 평가의 기준과 비중을 종합적으

---

10) 17대 총선에 적용된 개정 정치관계법은 금권선거와 조직선거의 병폐를 근절시키는
   데 주효한 역할을 하였던 것은 사실이지만, 선거운동의 자유를 심각하게 침해하는
   비현실적인 규제 위주의 장치들-예를 들어 후보자만 어깨띠 사용, 3인 이상의 연호
   행위 금지, 자원봉사자 식비제공 금지 등-이 많다는 비판이 제기되었던 것도 사실
   이다.

로 고려할 수 있는 지수를 만드는 것이 오히려 바람직하다고 판단된다. 따라서 본 연구에서는 다각적·종합적인 차원에서, 그리고 구체적이며 적실성 있게 출마자들의 선거과정 만족도를 파악하기 위한 목적에서 관련 설문항들을 조합하여 선거과정 만족지수를 산출하고 있다. 선거과정 만족지수의 산출은 선거과정에 대한 당선자들과 낙선자들의 인식 차이를 실증적으로 검증할 수 있다는 점에서, 다시 말해 t - 검정(Independent-Samples T test)을 수행하여 당선자들과 낙선자들의 선거과정 만족지수 집단평균이 어떤 차이를 보이며, 그것이 통계적으로 유의미한지를 파악할 수 있다는 점에서 유용성을 가질 수 있다고 판단된다.

　보다 구체적으로 본 연구에서 선거과정 만족지수를 산출하기 위하여 사용된 설문항들을 살펴보면 첫째, 금권선거 차단 여부의 경우 "17대 총선에서 금권선거가 얼마나 차단되었다고 생각하십니까? 혹은 차단되지 않았다고 생각하십니까?"라고 질문한 설문항을 사용하였다. 그리고 출마자들은 금권선거가 차단되었다고 평가할수록 선거과정에 대한 만족도가 높을 것이라는 관점에서 '많이 차단되었다' 5점, '대체로 차단되었다' 4점, '어느 쪽이라 말할 수 없다' 3점, '그다지 차단되지 않았다' 2점, '전혀 차단되지 않았다' 1점의 점수를 부여하였다.

　둘째, 선거비용 사용량과 관련하여 "17대 총선 출마자들을 평균적으로 볼 때 후보자 개인당 선거비용은 과거의 선거 때와 비교하여 어떠하였다고 생각하십니까?"라고 질문한 설문항을 사용하였다. 그리고 출마자들은 과거의 선거 때와 비교하여 후보자들이 선거비용을 덜 사용하였다고 생각할수록 선거과정에 대한 만족도가 높을 것이라는 관점에서 '과거보다 아주 많이 줄었다' 5점, '과거보다 조금 줄었다' 4점, '과거와 비슷하다' 3점, '과거보다 조금 줄었다' 2점, '과거보다 많이 들었다' 1점의 점수를 부여하였다.

　셋째, 새로운 정치관계법에 대한 평가와 관련 "새로운 정치관계법 적용으로 인하여 유권자와 접촉하는 데 얼마나 어려움을 겪으셨습니까? 혹은 겪지 않았습니까?"라고 질문한 설문항을 사용하였다. 그리고 출마자들은 새로운 정치관계법의 적용으로 인하여 유권자와 접촉하는 데 어려움을 겪지 않았다고 생각할수록 선거과정에 대한 만족도가 높을 것이라는 관점에서 '전혀 겪지 않았다' 5점, '별로 겪지 않은 편이다' 4점, '어느 쪽이라 말할 수 없다' 3점, '어느 정도 겪은 편이다' 2점, '많이 겪었다' 1점의 점수를 부여하였다.

넷째, 타 후보자의 비방문제의 경우 "선거과정에서 타 정당 후보자의 비방으로 인한 어려움을 얼마나 겪었습니까? 혹은 겪지 않았습니까?"라고 질문한 설문항을 사용하였다. 그리고 출마자들은 타 정당 후보자로부터 비방을 덜 받았을수록 선거과정에 대한 만족도가 높을 것이라는 관점에서 '전혀 겪지 않았다' 5점, '별로 겪지 않은 편이다' 4점, '어느 쪽이라 말할 수 없다' 3점, '어느 정도 겪은 편이다' 2점, '많이 겪었다' 1점의 점수를 부여하였다.

다섯째, 선거관리위원회 감시·단속활동의 공정성 문제와 관련 "선거관리위원회의 선거법 위반행위 감시·단속활동이 얼마나 공정하게 처리되었다고 생각하십니까? 혹은 그렇지 못하였다고 생각하십니까?"라고 질문한 설문항을 사용하였다. 그리고 출마자들은 선거관리위원회가 선거법 위반행위에 대하여 공정한 감시·단속활동을 수행하였다고 평가할수록 선거과정에 대한 만족도가 높을 것이라는 관점에서 '매우 공정하였다' 5점, '다소 공정하였다' 4점, '어느 쪽이라 말할 수 없다' 3점, '다소 공정하지 못하였다' 2점, '전혀 공정하지 못하였다' 1점의 점수를 부여하였다.

본 연구에서 선거과정 만족지수는 다섯 개 설문항들의 세부응답별로 부가된 점수들을 합산하여 산출하였다. 이에 따라 선거과정 만족지수는 최소 5점에서 최대 25점 사이에 분포하게 되며, 그 수치가 낮을수록 선거과정에 대한 만족도가 떨어진다는 것을 의미한다. 실제로 17대 총선 출마자들의 선거과정 만족지수를 산출하여 빈도분석을 수행해본 결과 최소값 7점, 최대값 25점, 그리고 평균값은 16.4점(표준편차 3.2)으로 나왔다. 선거과정 만족지수의 중위수가 16.0점이라는 점을 고려할 때 평균값이 중위수와 근접하여 있고, 중위수를 기준으로 그 분포비율이 50.4% 대(對) 49.6%로 상당히 고르게 양분되어 있다는 점은 본 연구에서 산출한 선거과정 만족지수가 정규분포의

패턴을 보이고 통계분석의 결과가 적실성을 가질 수 있음을 보여준다.

다음으로 선거결과에 대한 조작화와 관련하여 본 연구에서는 "17대 총선에서 당선(낙선)하신 가장 중요한 이유는 무엇이라고 생각하십니까? 구체적으로 한 가지만 적어주십시오"라는 '개방형 질문'11)에 대한 출마자들의 답변을 후보자 요인과 비후보자 요인으로 분류하여 당락 결정요인을 파악하였다. 특히 본 연구에서는 후보자 요인과 비후보자 요인의 구분에 대한 적실성 문제가 제기되지 않도록 하기 위해 케인·페레즌·피오리나(Cain et al. 1987·1984)가 정의한 '인물투표'(personal vote)의 개념 – 후보자 개인의 자질, 자격, 활동, 경력에 기인하여 생겨난 지지 – 을 고려하여 후보자 요인을 분류하였다.

구체적으로 당락 결정요인에 있어 후보자 요인으로 분류된 답변으로는 지역에서의 꾸준한 활동, 유권자의 인물 중심 선택, 성실하고 우수한 의정활동·지역활동에 대한 유권자의 신뢰, 경력에 대한 지역민들의 기대감, 개인의 능력에 대한 적극적인 홍보 및 상대 후보자와의 차별화, 도덕성과 참신성, TV 토론, 전문성, 상대방의 자질 부족, 뚜렷한 개성(이상 당선자들), 낮은 인지도, 홍보 부족, 준비와 경험 부족, 조직관리 부족, 경력 등 개인적인 부족함, 지역일꾼으로 인정받지 못하여, 지역 내 활동 부족, 부적절한 선거운동 전략(이상 낙선자들)이 있었다. 그리고 당락 결정요인에 있어 비후보자 요인으로 분류된 답변으로는 변화와 개혁을 원하는 유권자의 선택, 대통령 탄핵의 반사이익, 정책대결, 유권자들의 발전된 정치의식, 정당투표의 절대우세, 보수 세력의 결집, 자원봉사자들의 헌신, 지역유권자의 구성 변화(이상 당선자들), 탄핵 역풍, 지역주의, 소속 정당의 낮은 지지, 정당 우선의 투표행태, 선거전의 양당구도, 주요 정당의 공천을 못 받아서, 언론의 불공정 보도, 조직력 미약, 정치신인의 불리함, 무소속의 한계, 군소정당 후보자의 한

---

11) 개방형 질문은 '폐쇄형 질문'과 비교하여 응답의 통일성이 떨어지고 자료 처리의 어려움이 존재하지만, 설문자의 응답 범주를 한정하지 않고 망라적(exhaustive)으로 설정함으로써 보다 심층적·질적 설문조사를 수행할 수 있다는 장점을 갖는다(배비 2002, 307).

계, 진보정당 후보자에 대한 유권자의 인식 부족, 사표방지 심리의 작용, 경제력 부족, 유권자의 낮은 정치의식수준, 당의 늦은 공천으로 인한 시간 부족, 신행정수도 이전에 대한 유권자의 현혹, 상대 후보자의 불법 허위사실 유포 및 불법선거 행위, 상대방의 조직선거, 중앙당의 지원부족, 선거법의 불공정성, 현역의원 특혜, 단체장 등의 선거개입, 불공정한 경선의 후유증, 갑작스러운 선거구 통합(이상 낙선자들)이 있었다.[12]

V. 연구가설 검증

선거과정에 대한 당선자들과 낙선자들의 인식 차이를 파악하기 위하여 t-검정을 수행, 출마자들의 당락 여부별 선거과정 만족지수 집단평균이 통계적으로 유의미한 차이를 보이는가를 파악하여 보았다. 그 결과 아래의 <표 3-4>에서 보는 바와 같이 당선자 집단과 낙선자 집단의 선거과정 만족지수 평균값 차이는 0.9점으로 나타났으며, 그 차이가 통계적으로 유의미한 것으로 밝혀졌다. 그러므로 앞서 "낙선자들의 경우 당선자들과 비교하여 선거과정에 대한 만족도가 상대적으로 낮을 것이다"라고 정립한 연구가설은 적실성을 갖는다고 평가할 수 있다.

---

12) 이후 세부적인 응답비율의 차이를 고려하여 구체적으로 연구가설을 검증하게 되겠지만, 전반적으로 볼 때 당선자들은 자신의 활동과 개인적 우수성으로 인하여 유권자들의 선택을 받았다고 인식하는 경향을 보인 반면, 낙선자들은 개인적 자질보다는 자신의 활동 부족으로 인하여 유권자들의 선택을 받지 못하였다고 인식하는 경향을 보였다고 평가된다. 그리고 비후보자 요인에 대해서도 당선자들은 소속 정당이나 중앙정치의 쟁점 및 동향 등 선거상황이 자신에게 유리하게 작용하여 당선되었다고 인식하는 경향을 보인 반면, 낙선자들은 이와 같은 비후보자 요인이 선거과정에서 부정적인 영향을 미쳐 낙선되었다고 인식하는 경향을 보인 것으로 평가된다.

〈표 3-4〉 당락 여부와 선거과정 만족지수 t-검정 수행 결과

평균값		t-검정	
당선자 집단	낙선자 집단	t값(t)	유의수준(p)
17.1	16.2	-3.332	.001

보다 구체적으로 앞서 당선자들과 낙선자들의 선거과정 만족도 차이를 분석하기 위하여 시도한 <표 3-1>의 유형화를 고려하여 선거과정 만족지수를 군집분석(Cluster Analysis)을 통하여 두 개의 군집 - 선거과정 만족도가 상대적으로 높은 군집과 낮은 군집[13] - 으로 분류한 이후 당락 여부와 교차분석을 수행하여 보았다. 그 결과 아래의 <표 3-5>에서 볼 수 있듯이 당초 예상하였던 것 - "Ⅰ유형과 Ⅳ유형에 상대적으로 많은 사례들이 존재할 것이다" - 처럼 당선자들의 63.9%(낙선자들의 45.1%)가 선거과정에 대한 만족도가 상대적으로 높은 것으로, 그리고 낙선자들의 54.9%(당선자들의 36.1%)가 선거과정에 대한 만족도가 상대적으로 낮은 것으로 나타났으며, 당락 여부에 따른 선거과정 만족도 수준은 통계적으로 유의미한 차이를 보이는 것으로 밝혀졌다.

〈표 3-5〉 당락 여부와 선거과정 만족도 교차분석 결과

선거과정 만족도 \ 당락 여부	당 선	낙 선
높 음	Ⅰ유형: 69(63.9%)	Ⅱ유형: 158(45.1%)
낮 음	Ⅲ유형: 39(36.1%)	Ⅳ유형: 192(54.9%)
합 계	108(100.0%)	350(100.0%)

※ X^2=11.602, p<0.01

---

13) 이와 같은 군집의 속성은 어디까지나 상대적인 기준과 개념을 적용시킨 것이지 절대적인 기준과 개념을 적용시킨 것은 아니다.

실질적으로 17대 총선은 그 어느 때보다도 정치권이 국민들의 정치개혁 요구들을 충실히 수용, 정치관계법을 대폭 개정한 상황 속에서 실시되었다.[14] 이에 따라 17대 총선은 과거 어느 선거보다 공명정대하게 치러졌다고 평가되고 있다.[15] 그러므로 현실적으로 당선자 집단과 낙선자 집단 모두 또는 한 측에서 일방적으로 선거과정의 공정성과 경쟁성의 문제를 시비삼기는 어려웠던 것이 사실이다. 그럼에도 불구하고 연구결과 선거과정 만족도에 대한 당선자들과 낙선자들의 인식 차이가 분명하게 존재하는 것으로 나온 이유는 킹던의 주장처럼 당선자들은 선거과정상 어려움과 불만이 존재하였더라도 개인적 노력과 우수성으로 그 문제를 극복하고 당선되었다고 자축하는 경향을 보이는 반면, 낙선자들은 선거과정상 어려움과 불만이 별로 없더라도 그 문제점들을 지적하면서 자신의 낙선을 정당화시키는 경향을 보이기 때문이라고 볼 수 있다.

그러나 이러한 연구결과는 다른 한편으로 17대 총선의 경우 정치관계법 개정을 통하여 매우 공정하게 선거과정이 진행됨에 따라 당선자들의 절대 다수가, 그리고 적지 않은 낙선자들이 선거과정에 대하여 만족감을 표시하였다는 해석도 가능할 수 있다. 즉 당선자들의 절대 다수가 선거과정에 대하여 만족하고 있었다는 것은 자신들의 승리를 자축하는 경향을 반영하는 동시에 실제 선거과정이 경쟁적이고 공정하게 진행됨에 따라 나타난 현상이

---

14) 17대 총선이 실시되기 이전 불법대선자금 수사로 인하여 정치권에 대한 국민들의 불신은 극도로 팽배하여 있었다. 그러므로 당시 정치권은 사회 각계각층의 정치개혁 요구들을 외면하기 어려운 상황에 직면하게 되었다. 그리고 이와 같은 상황 속에서 중앙선거관리위원회가 제출한 정치관계법 개정 의견을 각 정당들이 충실히 수용, 매우 획기적이고 공정한 법적·제도적 틀을 마련 – 예를 들어 지구당 폐지, 과태료와 포상금 제도, 당원행사 편의제공 금지, 정당연설회와 합동연설회 폐지 등 – 하여 17대 총선을 실시하였다.

15) 실제로 유권자를 대상으로 한 설문조사 결과(한국사회과학데이타센터 2004)를 살펴보면 응답자의 85.1%가 17대 총선은 공정하게 치러졌다고 평가한 것으로 나타났다. 이와 같은 설문조사 결과는 1996년 15대 총선의 경우 66.1%의 응답자가, 그리고 2000년 16대 총선의 경우 44.9%의 응답자가 선거가 공정하게 치러졌다고 평가한 것과 비교할 때 괄목할 만한 차이를 보인 것으로 평가할 수 있다.

라고도 볼 수 있다. 그리고 적지 않은 낙선자들이 선거과정에 대하여 만족
감을 표시하였다는 것은 선거과정이 매우 공정하고 경쟁적으로 진행됨에 따
라 낙선자들이 선거과정상의 문제를 제기하면서 자신들의 패배를 정당화시
킬 수 있는 여지가 상대적으로 크지 않았다는 점을 반영하는 것으로 해석할
수도 있다.

〈표 3-6〉 통제집단에서의 당락 여부와 선거과정 만족지수 t-검정 수행 결과

통제집단	평균값		t-검정	
	당선자 집단	낙선자 집단	t값(t)	유의수준(p)
현역의원 출마자	17.2(33)	14.6(17)	-3.854	.000
비현역의원 출마자	17.1(75)	16.3(333)	-2.528	.012
선거출마 유경험 출마자	17.3(71)	16.2(162)	-2.976	.003
선거출마 무경험 출마자	16.7(37)	16.2(188)	-1.289	.201
교섭단체 출마자	17.1(106)	16.3(174)	-2.400	.017

※ 괄호안의 수치는 사례수를 의미함.

〈표 3-6〉은 이와 같은 측면들을 고려하여 보다 구체적으로 연구가설을
검증하기 위하여 현직 여부, 선거출마 경험 여부, 교섭단체 여부를 통제한
집단을 대상으로 t-검정을 수행한 결과를 나타낸 것이다.[16] 연구결과 선거
출마 경험이 없는 출마자 집단에서만 당선자들과 낙선자들의 선거과정 만족
지수 집단평균값 차이가 0.5점으로 나타났고, 그 차이가 통계적으로 유의미
하지 않은 것으로 밝혀졌다. 즉 선거출마 경험이 없는 출마자 집단을 제외
한 나머지 집단들에서는 당선자들과 낙선자들의 선거과정 만족지수 집단평
균값 차이가 최소 0.8점에서 최대 2.6점으로 나타났고, 그 차이가 통계적으
로 유의미한 것으로 밝혀졌다.

전체적인 연구결과를 고려할 때 당선자들은 자축하는 경향을, 그리고 낙

16) 비교섭단체 출마자 집단의 경우 당선자가 두 명에 불과하여 분석대상에서 제외시켰다.

선자들은 정당화하는 경향을 보인다는 킹던의 주장과 논리는 한국의 사례와 선거과정의 영역에서도 상당 수준 적실성을 가질 수 있다고 평가된다. 다만 선거출마 경험이 없는 출마자 집단의 경우 당선자들과 낙선자들의 선거과정 만족지수 집단평균값이 통계적으로 유의미한 차이를 보이지 않았다는 점은 킹던의 주장과 논리가 적용되지 않는 영역도 충분히 존재할 수 있다는 점을 시사한다. 17대 총선의 경우 정치관계법을 대폭 개정하여 선거과정의 공정성과 경쟁성을 크게 제고시킨 것은 사실이지만 출마자들의 입장에서 보면 복잡하고 까다로운 선거 관련 신규 규정들을 준수해야 하는 고충도 존재하였던 것이 사실이다. 그리고 이와 같은 상황 속에서 선거출마 경험이 있었던 낙선자들의 경우 과거와 많은 차별성을 갖는 개정 정치관계법에 불만을 표출하고 그 효과에 대하여 문제를 제기하면서 자신의 패배를 정당화시켰을 가능성이 존재한다. 하지만 선거출마 경험이 없었던 출마자들은 이전 선거와 17대 총선의 선거과정 차이를 몸소 체험하지 못한 상황 속에서 당락 여부와 상관없이 개정 정치관계법이 선거과정의 공정성과 경쟁성을 제고시키는 데 기여하였다는 점에 동의함으로써 자축과 정당화의 경향을 보이지 않았던 것으로 평가할 수 있다.

다음으로 선거결과에 대한 당선자들과 낙선자들의 인식 차이를 분석하기 위하여 앞서 시도한 <표 3-2>의 유형화를 고려, 당락 여부와 후보자 요인과 비후보자 요인으로 분류된 당락 결정요인에 대한 교차분석을 수행하여 보았다.[17] 그 결과 <표 3-7>에서 볼 수 있듯이 당선자들의 56.3%가 후보자 요인으로 인하여 당선되었다고 인식하는 것으로, 그리고 낙선자들의 81.4%가 비후보자 요인으로 인하여 낙선되었다고 인식하는 것으로 나타났으며, 당락 여부에 따른 당락 결정요인은 통계적으로 유의미한 차이를 보이는 것으로

---

17) 당선(낙선) 이유를 밝히지 않은 출마자들, '없음' 또는 '모르겠다'고 응답한 출마자들, 그리고 후보자 요인과 비후보자 요인이 중첩된 응답을 한 출마자들-예를 들어 후보자의 도덕성을 밑바탕으로 한 지역주의 등-의 경우(48명) 교차분석 대상에서 제외되었다.

밝혀졌다. 그러므로 앞서 "당락 결정요인에 있어 당선자들은 후보자 요인을 강조하는 반면 낙선자들은 비후보자 요인을 강조하는 경향을 보인다(A유형과 D유형에 상대적으로 많은 사례들이 존재할 것이다)"라고 정립한 연구가설은 적실성을 갖는다고 평가할 수 있다.

〈표 3-7〉 당락 여부와 당락 결정요인 교차분석 결과

당락 결정요인 \ 당락 여부	당 선	낙 선
후보자 요인	A유형: 49(56.3%)	B유형: 60(18.6%)
비후보자 요인	C유형: 38(43.7%)	D유형: 263(81.4%)
합 계	87(100.0%)	323(100.0%)

※ X^2=50.033, $p<0.01$

선거에서 유권자들은 출마자들의 소속 정당, 자질과 능력, 학연·지연·혈연 등의 연고, 정책과 공약, 지역구활동 등 다양한 측면들에 대한 심리적 일체감(identification) 또는 비교 및 전망적·회고적 평가에 기반하여 대표자를 선출하게 된다(Fiorina 1981; Key 1966; Campbell et al. 1960). 또한 선거 시점 경제상황 또는 중앙정치의 쟁점과 동향과 같은 요인들도 선거결과에 중요한 영향을 미친다(Page and Brody 1972; Kramer 1971). 그러므로 실제로 출마자들의 당락을 결정짓는 후보자 요인과 비후보자 요인은 동시에 존재하며 상호 복합적인 작용을 하게 된다고 볼 수 있다.[18] 그럼에도 불구하고 17

---

18) 실제로 한국의 선거에서 출마자들의 당락을 결정짓는 데 중요한 영향을 미치는 후보자 요인과 비후보자 요인은 동시에 존재한다. 먼저 후보자 요인과 관련 한국의 유권자들은 정당의 이합집산이 빈번하여 제도화 수준이 낮고 불안정한 상황 속에서, 보수정당 일색의 정당체계 속에서, 그리고 정치권에 대한 실망과 불신이 높았던 상황 속에서 특정 정당과 안정적이고 지속적인 일체감을 형성하기 힘들었기 때문에 인물 준거에 기반하여 투표결정을 하는 특징을 보여 왔다. 또한 전통적으로 학벌과 연고 등을 중시하는 정치문화로 인하여 인물 준거를 중시하여 투표하는 경향을 보

대 총선에서 당선자들의 경우 개인적인 수준에서 통제가 가능한 후보자 요인이, 그리고 낙선자들의 경우 개인적인 수준에서 통제가 불가능한 비후보자 요인이 당락을 결정하였다고 인식하는 것은 킹던의 주장처럼 당선자들은 자신들의 개인적 우수성을 강조하면서 선거의 승리를 자축하는 경향을 보이는 반면 낙선자들은 개인적 수준에서 통제가 불가능한 요인들로 인해 선거에서 패배하였다고 정당화하는 경향을 보이기 때문이라고 판단된다.

특히 17대 총선은 노무현 대통령 탄핵소추안이 의회에서 가결된 직후 실시됨에 따라 탄핵에 찬성하는 유권자들과 반대하는 유권자들의 첨예한 대결구도 속에서 선거과정이 진행되었다. 그러므로 비후보자 요인이 선거결과에 중요한 영향을 미칠 가능성이 높았다.[19] 다시 말해 17대 총선에서 대통령 탄핵 문제는 이데올로기 및 세대의 문제와 중첩되는 특징을 보이면서 '탄핵 찬성-보수-기성세대 대(對) 탄핵 반대-진보-신세대'로 그 갈등양상과 대결구도가 첨예하게 양분화되는 선거상황이 전개되었기 때문에 출마자의 당락을 결정짓는 데 후보자 요인이 중요하게 작용하지 못할 가능성이 높았다. 그럼에도 불구하고 당선자들의 다수가 당락을 결정짓는 데 후보자 요인이 중요하게 작용하였다고 평가한 것은 킹던의 주장처럼 당선자들이 자신의 승리를 자축하는 경향을 보였던 것으로 평가할 수 있다.

여 왔던 것도 사실이다. 다음으로 비후보자 요인과 관련 민주화 이후 '삼김'(三金) 정치지도자들을 중심으로 출현한 영남·호남·충청 지역의 지역주의는 이 지역 출마자들의 당락을 결정짓는 가장 중요한 요인으로 작용하였다. 뿐만 아니라 단순다수 소선거구제하에서 유권자들은 자신의 표가 사표(死票)가 되는 것을 우려하여-'심리적 효과'(*psychological effects*)가 발생하여-거대정당 중심으로 투표를 하는 행태를 보인다(Taagepera and Shugart 1989, 65; Duverger 1954)는 점에서 군소정당과 무소속 출마자들의 경우 선거제도의 불이익을 많이 받게 되는 것도 사실이다.

19) 대통령 탄핵 쟁점은 비교적 이해가 쉽고 감정에 호소하는 특징을 보인 일종의 '쉬운 쟁점'(*easy issue*)의 특징을 보였다는 점(Carmines and Stimson 1980)에서 17대 총선에 중요한 영향을 미칠 가능성이 높았다.

〈표 3-8〉 통제집단에서 당락 여부와 당락 결정요인 교차분석 결과

당락 결정요인	통제집단	당 선	낙 선
후보자 요인	현역의원 출마자	14(53.8%)	1(6.2%)
	비현역의원 출마자	35(57.4%)	59(19.2%)
	선거출마 유경험 출마자	35(61.4%)	19(12.8%)
	선거출마 무경험 출마자	14(46.7%)	41(23.6%)
	교섭단체 출마자	48(55.8%)	22(13.6%)
비후보자 요인	현역의원 출마자	12(46.2%)	15(93.8%)
	비현역의원 출마자	26(42.6%)	248(80.8%)
	선거출마 유경험 출마자	22(38.6%)	130(87.2%)
	선거출마 무경험 출마자	16(53.3%)	133(76.4%)
	교섭단체 출마자	38(44.2%)	140(86.4%)
합 계	현역의원 출마자	26(100.0%)	16(100.0%)
	비현역의원 출마자	61(100.0%)	307(100.0%)
	선거출마 유경험 출마자	57(100.0%)	149(100.0%)
	선거출마 무경험 출마자	30(100.0%)	174(100.0%)
	교섭단체 출마자	86(100.0%)	162(100.0%)

※ 현역의원 출마자 집단: $X^2 = 9.773$, $p < 0.01$,
　비현역의원 출마자 집단: $X^2 = 38.961$, $p < 0.01$,
　선거출마 유경험 출마자 집단: $X^2 = 50.453$, $p < 0.01$
　선거출마 무경험 출마자 집단: $X^2 = 6.936$, $p < 0.05$
　교섭단체 출마자 집단: $X^2 = 49.461$, $p < 0.01$

<표 3-8>은 당선자들과 낙선자들의 당락 결정요인에 대한 인식을 좀더 구체적으로 파악하기 위하여 통제된 집단들을 대상으로 당락 여부와 당락 결정요인에 대한 교차분석 수행 결과를 나타낸 것이다. 교차분석 수행 결과, 전체적으로 당선자들이 후보자 요인을 당락 결정요인으로 지적한 비율보다

낙선자들이 비후보자 요인을 당락 결정요인으로 지적한 비율이 상대적으로 높은 가운데 모든 통제집단에서 당락 여부에 따른 당락 결정요인은 통계적으로 유의미한 차이를 보이는 것으로 나타났다. 그러므로 전반적인 연구결과를 고려할 때 당선자들은 선거 승리의 요인을 개인적인 수준에서 찾아 자축하는 경향을 보이는 반면, 낙선자들은 구조적·상황적 요인들로 인하여 선거에 패배하였다는 논리로 자신을 정당화하려는 경향을 보인다는 킹던의 주장과 논리는 한국의 사례에 적용하여도 상당한 적실성을 가질 수 있다고 판단된다.

다만 선거출마 경험이 없는 출마자 집단의 경우 다른 통제집단들과 달리 당선자들이 비후보자 요인으로 인하여 당락이 결정되었다고 평가한 비율이 높게 나타났다는 점, 그리고 이로 인하여 카이제곱의 값과 유의수준이 상대적으로 낮게 나타났다는 점은 킹던의 주장과 관련하여 주목할 필요가 있다고 판단된다. 왜냐하면 이러한 연구결과는 한편으로 킹던의 주장과 논리가 적용되지 않는 영역도 충분히 존재할 수 있다는 점을 시사하기 때문이다. 즉 이것은 선거출마 경험이 없었던 출마자들의 경우 자신의 개인적 자질과 능력 등을 충분히 홍보할 수 있는 시간과 기회들이 많지 않았던 상황 속에서, 그리고 17대 총선에서 대통령 탄핵과 같은 중앙정치의 쟁점이 크게 부각된 상황 속에서 당락 결정요인으로 후보자 요인을 지적하기 힘들 수 있었다는 점을 반영한다. 또한 당선자들의 자축 경향에도 불구하고 43.7%의 적지 않은 당선자들이 당락 결정요인으로 비후보자 요인을 지적하였다는 점은 17대 총선에서 출마자의 당락을 결정짓는 데 비후보자 요인이 일정 수준 중요하게 작용하였으며, 이로 인하여 당선자들은 후보자 요인만을 내세워 자신의 승리를 자축하기가 힘들 수 있었다는 점을 암시한다. 그러므로 한국선거의 특징과 17대 총선의 전반적인 선거상황을 고려할 때 킹던의 '당선자-후보자 요인-자축'과 '낙선자-비후보자 요인-정당화' 논리만으로 설명되지 않는 부분들도 존재할 수 있다는 점이 인정되기 때문에 그의 주장은 연구대상 국가의 정치·선거문화 및 연구시기의 전반적인 선거상황 등을 면밀히 고려해 적실성을 검증할 때 보다 설득력을 가질 수 있을 것으로 판단된다.

Ⅵ. 결론과 함의

지금까지 자축과 정당화의 경향으로 인하여 당선자들과 낙선자들의 유권자들에 대한 믿음이 차이를 보인다는 킹던의 주장과 논리를 수용하여 17대 총선에서 선거 과정과 결과에 대한 당선자들과 낙선자들의 인식이 차이를 보이는지 여부를 경험적으로 검증하여 보았다. 연구결과, 전반적으로 당선자들의 경우 낙선자들과 비교하여 상대적으로 선거과정에 대한 만족도가 높고 개인적 수준에서 통제가 가능한 후보자 요인들로 인하여 선거결과가 결정되었다고 인식하는 경향을 보임에 따라 킹던의 주장과 논리는 한국의 사례에서도 상당한 적실성을 가질 수 있는 것으로 판명되었다. 그러나 특정 통제집단(선거출마 경험이 없는 출마자 집단)에서의 연구결과는 킹던의 주장과 논리가 적용되지 않는 영역도 충분히 존재할 수 있다는 점을 시사하였다. 따라서 향후 킹던의 주장과 논리는 연구대상 국가의 정치·선거문화 및 연구시기의 전반적인 선거상황 등을 고려하여 보다 엄밀한 차원에서 규정되고 검증될 필요가 있다고 판단된다.

다음으로 본 연구는 다음과 같은 점에서 킹던의 연구와 차별성을 보이며 일정 수준 의미를 가질 수 있다고 판단된다. 첫째, 킹던의 연구는 제한된 표본을 대상으로 연구를 진행한 반면 본 연구는 상대적으로 많은 수의 표본을 대상으로 연구를 수행, 연구대상의 외연을 넓힘에 따라 일반화의 수준을 한 차원 높였다는 점에서 학문적인 기여를 하였다고 판단된다. 둘째, 상대적으로 많은 수의 표본을 확보함에 따라 다양한 통제집단을 설정, 기존 연구와 차별화를 시도하고 경험적 분석의 엄밀성을 제고하여 킹던의 주장과 논리를 검증하였다는 점에서 의미를 가질 수 있다고 판단된다. 셋째, 킹던의 주장과 논리가 적용되지 않는 특정 통제집단을 발견해낸 것은 본 연구의 큰 성과라고 판단된다. 넷째, 대의민주주의 체제에서 선거결과만큼 선거과정은 중요한 의미를 가진다는 점을 고려할 때 선거과정 만족도라는 새로운 개념을 설정, 이를 구체적으로 파악할 수 있는 지수를 산출하여 킹던의 주장과 논리를 적용시켜 검증하고 있다는 점도 의미를 가질 수 있다고 판단된다. 이것은 킹던의 주장과 논리를 적용시킬 수 있는 영역을 새롭게 개척하였다는 점에서 의미가 있을 뿐만 아니라 설문조사 결과를 토대로 선거과정의 공정성과 경쟁성을 파악할 수 있는 선거과정 만족지수를 산출함에 따라 향후 관련 연구에 많은 시사점을 제공할 수 있다는 점에서도 의미를 가질 수 있다고 판단된다.

마지막으로 본 연구는 다음과 같은 향후 연구과제들과 함의를 제공할 수 있을 것이다. 첫째, 선거 과정과 결과에 대한 출마자들의 인식이 어떻게 형성되고, 어떻게 변화하는가를 경험적으로 분석할 필요가 있다. 킹던은 사후 검정을 통하여 당선자들과 낙선자들의 유권자에 대한 믿음이 자축과 정당화의 경향으로 인하여 변화되었다는 점을 가정하고 있지만, 김종림과 래체터가 지적하였듯이 실제로 선거 이전 당선자들과 낙선자들이 지녔던 인식의 차이가 선거 이후에도 변하지 않고 그대로 유지되었을 가능성도 부인하기 힘들다. 즉 당선자들은 선거 이후 자축의 경향을 보이기 때문에 당락 결정 요인으로 후보자 요인을 지적하는 경향을 보인다고 볼 수 있지만 다른 한편으로 생각하여 보면 선거 이전부터 후보자 요인을 중요하게 인식하고 선거운동에 임하였기 때문에 당선되었다고도 볼 수 있다.[20] 따라서 이러한 관계

---

20) 예를 들어 현직의원들이 지역구활동에 관심을 갖는 이유는 재선에 도움이 된다는 인식이 존재하기 때문이다(Parker 1980; Cain et al. 1979; Parker and Davidson 1979; Fenno 1978; Fiornia 1977; Mayhew 1974). 그러므로 자기 개발과 노력 또는 지역구활동 등과 같은 후보자 요인의 중요성을 상대적으로 덜 인식하고 행동하는 출마자들과 비교하여 그 중요성을 절감하고 행동하는 출마자들이 보다 광범위한 유권자들의 지지를 획

를 보다 명확하게 규명하기 위해서는 향후 선거 과정과 결과에 대한 출마자들의 사전 인식이 어떻게 형성되고, 그것이 선거 이후 어떻게 변화되었는가를 분석할 필요가 있다.

둘째, 선거 과정과 결과에 대한 출마자들의 인식이 선거 이후 지역구활동, 의정활동, 정당활동, 선거구민과 대표자의 관계, 선거전략 등과 관련한 정치적 행동과 판단에 어떻게 작용하는가를 경험적으로 분석할 필요가 있다. 정치인들의 유권자들에 대한 믿음이 선거 이후 정치적 행동과 판단에 어떠한 형태로든 영향을 미칠 가능성이 높다는 점은 인정된다. 하지만 킹던의 주장처럼 당선자들은 자축하는 경향을 보이고 낙선자들은 정당화하는 경향을 보인다면 정치인들의 유권자들에 대한 믿음은 상당 수준 왜곡된 상황 속에서 실제 평가와는 다른 정치적 행태를 보일 가능성도 존재한다. 우리는 불리한 선거상황에서도 인물 우위로 당선된 정치인들-예를 들어 한나라당의 소장과 의원들-이 소속 정당의 압력에도 불구하고 자신들의 목소리를 내는 데 주저하지 않는 모습을 목격하곤 한다. 하지만 실제로 후보자 요인을 강조한 당선자들이 많음에도 불구하고 당내에서 자신의 목소리를 내는 데 주저하는 정치인들의 모습을 보다 쉽게 목격할 수 있다. 그러므로 선거 과정과 결과에 대한 출마자들의 인식이 선거 이후 다양한 정치적 영역에서 어떠한 행동과 결정으로 나타나는지를 분석하여 양자의 관계를 명확하게 정립할 필요가 있다.

셋째, 선거과정에 대한 당선자들과 낙선자들의 인식 차이가 향후 선거와 관련된 법과 제도를 재정비함에 있어 어떻게 작용할 것인가의 문제를 고찰해볼 필요가 있다. 연구결과 당선자들은 상대적으로 당선자들과 비교하여 선거과정에 대한 만족도가 높기 때문에 향후 법적·제도적 개혁을 단행함에 있어 소극적인 행태를 보일 가능성이 높다. 더욱이 당선자들은 선거 당시 법적·제도적 환경하에서 당선된 일종의 수혜자라는 관점에서 선거과정상의 문제가 제기되더라도 이를 고수할 가능성이 상대적으로 높다. 반면 선거과

득하여 당선될 가능성은 높은 것이 사실이다.

정에 대하여 불만이 많았던 낙선자들은 어떠한 형태로든 새로운 법적·제도
적 장치들을 마련하기 위하여, 그리고 자신들에게 불리한 기존 장치들을 완
화 내지는 폐지시키기 위하여 노력할 가능성이 높다. 이와 같은 상황 속에
서 어떠한 형태의 합의를 도출하여 당선자들과 낙선자들 모두 만족할 수 있
는 법적·제도적 장치를 마련할 것인가의 문제는 대의민주주의의 공고화 문
제와 관련하여 중요한 화두가 될 수 있다.

넷째, 선거 과정과 결과에 대한 출마자들의 인식이 유권자들 또는 전문가
집단과 어떤 차이를 보이는가를 분석할 필요가 있다. 킹던의 주장을 고려할
때 선거 과정과 결과에 대한 출마자들의 인식은 유권자들 또는 전문가집단
의 인식과 차이를 보일 가능성이 존재한다. 그리고 이 문제는 대의민주주의
에서 유권자와 대표자의 관계뿐만 아니라 향후 선거 과정과 결과와 관련한
광범위한 사회적 합의를 이끌어내고 발전적인 방향에서 선거와 관련된 법과
제도를 정비하는 데 있어서도 중요하게 작용할 가능성이 높다.

제 4 장

이념 · 세대 균열의 부상과
지역균열의 변화

I. 서 론

이 장에서는 민주화 이후 한국의 선거에서 가장 중요한 균열요인으로 간주되고 있는 지역균열이 이념과 세대 균열의 효과로 인하여 어떻게 변하고 있는가를 경험적으로 분석하고 있다. 구체적으로 본 연구는 영남과 호남 지역을 중심으로 공고히 구축된 기존의 지역균열이 2004년 17대 총선에서 이념과 세대 균열의 효과로 인하여 변화의 가능성을 보이고 있다는 점을 유권자 설문조사[1] 결과를 토대로 한 로지스틱 회귀분석을 통하여 밝히고 있다. 그리고 본 연구의 결과가 향후 한국의 선거정치와 정당정치와 관련하여 어떠한 함의와 시사점을 제공할 수 있는지를 논의하고 있다.

민주화 이후 한국선거의 특징은 영남과 호남 지역을 중심으로 한 갈등과 대립의 표출로 규정되어 왔으며, 지역균열은 한국 유권자들의 투표결정에

---

1) 본 연구는 경험적 분석을 수행하기 위하여 17대 총선 직후 전국 성인남녀를 대상으로 한국사회과학데이터센터와 한국선거학회가 공동으로 실시한 "17대 국회의원선거 유권자 조사" 자료를 활용하고 있다. 이 설문조사는 17대 총선 직후인 2004년 4월 16일부터 20일까지 제주도를 제외한 전국 16개 시·도, 만 20세 이상 남녀 성인 유권자 1,500명을 대상으로 진행되었다. 표본의 표집방법은 동별 성인 인구수에 의한 다단계 층화추출법(Multi Stage Stratified Sampling)이 사용되었으며, 표집오차는 95% 신뢰 수준에서 최대 허용오차 ±2.5%였다. 설문조사는 대인면접 조사방식으로 진행되었다. 이후 제5장과 제6장에서 수행된 연구도 동일한 자료를 사용하였음을 밝힌다.

결정적인 영향을 미치는 요인으로 간주되었다(양재인 2001; 이남영 1999; 1998; 최한수 1995; 박찬욱 1993; 정진민 1993). 그리고 영남과 호남 지역간의 갈등에 기반을 둔 지역주의는 사회적 통합과 발전을 저해한다는 점에서 그 원인과 개선방안에 대한 다각적인 연구가 진행되어 왔다(박상훈 2001; 최영진 2001; 1999; 조기숙 2000; 이갑윤 1999; 김만흠 1997; 신복룡 1996; 최장집 1996; 한국사회학회 1992; 한국심리학회 1988).

그러나 이러한 한국선거에서의 지역균열은 2002년 대선과 17대 총선을 치르면서 변화의 가능성을 보일 것으로 예견되었는데, 그 근거로는 다음의 요인들을 지적할 수 있다. 첫째, 민주화 이후 지역균열의 구심점으로 작용하였던 삼김(三金) 정치지도자들이 모두 퇴장한 상황 속에서 선거가 실시되었다. 둘째, 호남지역을 대표하는 새천년민주당의 대통령 후보자로 영남지역 출신이고 진보적 이념성향이 뚜렷한 노무현 후보자가 선출되었다. 셋째, 2002년 대선에서 노무현 후보자는 지역에 상관없이 젊고 진보적인 성향을 보인 유권자들의 전폭적인 지지를 받아 대통령에 당선되었다. 넷째, 17대 총선은 집권 여당 내의 갈등이 심화되는 상황 속에서 지역성을 탈피, 전국정당의 기치 하에 이념 경쟁에서의 선명성을 강조한 열린우리당이 새롭게 창당되었으며, 당초 소수의 열세에도 불구하고 민주화 이후 최초로 단점정부를 구성하는 쾌거를 올렸다. 다섯째, 17대 총선에서 급진적 진보세력인 민주노동당이 지역적인 지지기반이 없음에도 불구하고 이념적 공세에 기반을 둔 지지계급 동원전략을 적극적으로 활용하여 전국적으로 고른 득표율을 기록하면서 원내 제3당의 지위를 차지하게 되었다.

2002년 대선을 기점으로 전개된 한국의 선거상황은 민주화 이후 안정성과 지속성을 보이면서 유권자의 투표선택에 결정적인 영향을 미쳤던 지역균열이 변화의 조짐을 보이고 있다는 주장이 설득력을 가질 수 있는 환경을 조성시켰다. 그리고 실제로 이 같은 선거상황 속에서 새로이 대두된 이념과 세대의 균열이 기존의 지역균열과 어떠한 영향을 주고받을 것인가에 대한 학계의 다양한 논쟁도 이어졌다(강경태 2004; 이준한·임경훈 2004; 강원택

2003; 2002b; 김주찬·윤성이 2003; 백준기 외 2003). 하지만 아직까지 한국 선거에서 지역균열의 변화를 경험적인 차원에서 적실성 있게 분석한 연구가 부족한 상황 속에서 지역균열의 유지·변화와 관련한 학계의 논쟁은 합의점을 도출하지 못한 상태로 표류하고 있는 것이 현실이다. 특히 외형적인 선거결과를 고려할 때 2002년 대선과 17대 총선의 경우에도, 정도의 차이는 존재하지만, 영남과 호남 지역에서 특정 정당에게 많은 표를 몰아주는 현상이 지속적으로 나타났다는 점에서 지역균열의 변화 가능성을 회의하는 시각이 여전히 팽배하여 있다.

이에 본 연구는 다음의 두 가지 측면에 주요 초점을 맞추어 민주화 이후 영남과 호남 지역을 중심으로 구축된 선거균열이 변화되고 있음을 경험적으로 분석하고 있다. 첫째, 최근 지역주의를 둘러싼 논쟁들의 핵심이 이념과 세대의 균열이 민주화 이후 상당히 오랜 기간 동안 안정적으로 지속되어온 지역균열을 대체할 수 있는가의 여부에 있다는 점에서 이념과 세대의 균열이 유권자의 투표행태와 지역균열에 어떠한 영향을 미치고 있는가를 분석하고, 아울러 이념과 세대가 어떠한 관계성을 띠고 있는가의 문제도 살펴보고 있다. 둘째, 17대 총선에서의 지역균열의 변화 가능성을 적실성 있게 타진해 보기 위해서는 비교의 대상이 필요하다는 관점에서 16대 총선에서 유권자들의 투표선택에 영향을 미친 요인들을 파악하여 비교하고 있다.

II. 기존 연구에 대한 고찰

'균열'(cleavage)은 공동체의 구성원들을 정치적으로 분리시키는 중요한 기준으로 작용하기 때문에 궁극적으로 유권자의 투표선택에 영향을 미치고,

정당체계의 정렬과 안정성을 확보하는 데 기여한다는 점에서 중요한 의미를 갖는다(Rae and Taylor 1970; Lipset and Rokkan 1967; Schattschneider 1960; 마인섭 2003). 즉 선거정치에서 종교, 인종, 언어, 문화 등의 다양한 균열들은 유권자의 투표선택에 중요한 영향을 미치면서 결과적으로 정당체계를 동결시키는 효과를 발생시킨다.

한국의 경우 국가의 규모도 작고 단일민족으로 구성되어 있기 때문에 인종, 언어, 문화의 균열이 선거에 중요한 영향을 미치지는 못하였다. 민주화 이전 집권세력의 동원전략으로 인하여 도시와 농촌 지역 사이에 '여촌야도'(與村野都)와 '촌고도저'(村高都低)로 대변되는 지역균열이 선거에 일정 수준 영향을 미치기도 하였지만(윤천주 1987; 1981) 산업화와 도시화가 진행되는 과정에서 이 같은 지역균열은 약화되는 특징을 보였으며, 그 자체가 사회적 통합을 저해하는 요인으로 간주되지는 않았다. 한국에서 선거균열의 문제가 중요하게 대두되고 많은 관심을 끌게 된 것은 민주화 이후 영남과 호남 지역을 중심으로 구축된 새로운 형태의 지역균열이 선거과정을 지배하는 양상을 보이면서부터였다. 민주화 이후 소위 지역주의로 대변되는 한국선거의 균열이 출현하면서부터 학계를 중심으로 왜 이러한 현상이 출현하게 되었으며, 어떠한 방식으로 이 문제점을 해결해야 할 것인가에 대한 다각적인 논의가 전개되기 시작하였다. 그렇지만 이러한 논의에도 불구하고 지역균열의 구심점 역할을 담당하였던 정당지도자들이 정계에 남아 있는 상황 속에서, 그리고 종교, 계급, 이념, 세대의 균열 등이 선거과정에 중요한 영향을 미치지 못하는 상황 속에서 민주화 이후 실시된 모든 선거에서 지역균열은 유권자의 투표선택에 결정적인 영향을 미치며 안정적으로 지속·강화되어 왔다.

그러나 2002년 대선을 기점으로 한국선거의 지역균열은 변화의 가능성을 보일 것이라는 주장이 제기되기 시작하였다. 김대중 대통령의 정계 은퇴, 노무현 후보자의 등장, 386세대의 부상, 세대와 이념 균열의 대두, 여권의 분열과 이념적 선명성 경쟁 등을 특징으로 하는 선거상황이 전개되면서 기존의 지역주의는 약화될 가능성이 높다는 주장이 본격적으로 제기된 것이다. 그리고 세대와 이념의 균열이 지역균열을 일정 수준 대체할 수 있는 새로운 균열로 대두될 가능성이 높다는 주장도 나오기 시작하였다. 사실 2002년 대선 이전에 실시된 선거들을 대상으로 이념과 세대의 균열이 유권자의 정당 선택에 일정 수준 영향을 미친다고 주장한 연구들(강원택 2003; 2002a; 1998; 김재한 1999; 정진민·황아란 1999; 강명세 1996; 이숙종 1996; 정진민 1993; 이정복 1992)은 존재한다. 그러나 이 연구들은 이념과 세대의 균열이 상당히 제한적인 수준에서 유권자의 투표선택에 영향을 미친다는 점을 밝혀내었을 뿐 지역균열이 안정적으로 유지되고 있다는 데에는 별다른 이견을 제기하지 않았다는 점에서 2002년 대선 이후 등장하고 있는 주장들과 구별되어진다.

지역균열의 변화 가능성과 이념과 세대 균열의 등장을 주장하는 대표적인 학자로 강원택(2003)을 들 수 있다. 그는 2002년 대선의 경우 외형적인 측면에서 과거의 지역주의적 투표행태가 지속되었다고도 볼 수 있지만 경험적인 연구결과 실질적으로 세대간 이념의 차이가 지지 후보자를 결정하는 데 중요한 영향을 미친 것으로 나타났기 때문에 기존의 지역균열은 중요한 변화의 국면을 맞이하고 있다고 지적하였다. 즉 외형적으로 견고하게 유지되고 있는 것처럼 보이는 지역주의가 내부적으로는 이미 상당한 변화의 과정을 겪고 있으며, 이러한 변화는 궁극적으로 정당 지지의 재편성으로 이어질 것으로 분석하였다. 더욱이 이 같은 이념균열은 지역균열과 중첩되어 있지 않은 특징을 보이고 있다는 점(강원택 2002a)에서 시간이 흐를수록 지역균열의 약화 내지 와해의 가능성은 높아질 것으로 예상하였다.

그러나 진보와 보수로 대변되는 이념균열이, 그리고 세대간의 차이가 2002년 대선과 17대 총선에서 중요한 영향을 미치지 못하였다는 주장도 역시 많이 제기되었던 것이 사실이다. 예를 들어 김주찬·윤성이(2003)의 경우 유권자의 정책성향과 투표행태간의 관계에 대한 요인 분석을 통하여 2002년 대선을 진보와 보수의 대결로 보기에는 한계가 있다는 점을 밝힌 바 있다. 이들은 지지 후보자의 입장이 극명한 차이를 보였던 쟁점들에 대해서는 지지자의 태도 역시 분명한 차이를 보였지만 후보자들의 태도가 분명하게 드러나지 않은 쟁점들을 놓고 볼 때는 진보적인 유권자가 노무현 후보자를, 그리고 보수적인 유권자가 이회창 후보자를 지지하였다고 판단할 근거는 없다고 주장하였다. 또한 이갑윤(2002)의 경우 2002년 대선에서 개인의 정치적 정향이 지지정당의 결정에 영향을 못 미쳤으며, 오히려 지지정당의 입장에 따라 개인의 이념 및 정책에 대한 태도가 결정되는 특징을 보였다고 주장하였다. 즉 출신지역별로 나타나는 유권자의 정향과 태도의 차이는 지지정당을 결정하는 원인이 되지 못하고 그 결과에 불과하다고 지적하였다. 그리고 강경태(2004)의 경우 영남지역의 17대 총선 결과에 대한 분석을 통하여 선거가 실시되기 이전 한나라당 정당지지도가 열린우리당의 정당지지도에 뒤떨어지는 등 지역주의의 변화 가능성을 보이기도 하였지만, 실제 선거에 접어들어서는 한나라당 후보자들에 대한 지지를 보임에 따라 지역주의의 완화 내지 변화가 일어났다고 보기는 힘들다고 지적하였다. 이 밖에 이준한·임경훈(2004)의 경우 17대 총선 유권자 투표결정요인에 대한 프로빗 분석을 통하여 지역균열이 완화되었다고 볼 수 있는 지역은 울산과 부산 및 경남지역 일부에 제한되며, 이념과 세대의 균열이 유권자의 지지정당 선택에 영향을 미치는 것으로 나타났지만 과거 선거와 차별성을 보일 정도로 큰 영향을 미쳤다고 간주하기는 어렵기 때문에 정당간의 재편성을 기반으로 한 중대선거(Key 1955)의 조건을 충족시키지 못한다고 지적하기도 하였다.

종합하자면 2002년 대선을 기점으로 한국선거의 지역균열이 변화의 가능성을 내포하고 있었다는 점은 많은 학자들에 의하여 받아들여졌던 것으로 생각된다. 그러나 실제 선거결과에 대한 해석에 있어서 지역균열의 변화 가능성에 대한 서로 상반된 주장들이 학계에 존재하기 때문에 보다 적실성 있게 이 문제를 경험적으로 검증하고자 하는 노력이 요구된다. 이에 본 연구는 기존 연구에서 거의 시도되지 않았던 방식을 도입하여 기존 연구가 갖고 있던 한계를 극복하고자 한다. 즉 본 연구는 지역, 이념, 세대로 나누어진 다양한 그룹들이 보수정당 후보자에 투표할 확률을 계산해내고 그 확률을 서로 비교함으로써 지역균열과 이념·세대균열 사이의 관계, 그리고 이념과 세대 균열 사이의 관계를 규명하고자 한다.

III. 연구모델과 결과 분석

1. 연구모델

본 연구는 경험적인 차원에서 지역균열의 변화 가능성을 타진하고, 이념
과 세대 균열의 효과를 분석하기 위하여 로지스틱 회귀분석을 수행하고 있
다. 17대 총선에서 유권자의 투표결정에 영향을 미친 요인들을 파악하기 위
하여 본 연구는 아래와 같은 로지스틱 회귀분석 모델을 채택하고 있다.

$$모델\ 1:\ V_1 = a + \beta_1{}^* 이념 + \beta_2{}^* 세대 + \beta_3{}^* 탄핵 + \beta_4{}^* 충청 + \beta_5{}^* 호남 + \beta_6{}^* 강원 + \beta_7{}^* 영남 + \varepsilon$$

구체적으로 종속변수인 V_1은 가변수로서 유권자들의 후보자투표[2]를 의미한
다. 본 연구에서는 유권자들이 보수정당(한나라당, 자민련)의 후보자에 투표하였
을 경우에는 1로, 그리고 진보정당(열린우리당, 새천년민주당[3], 민주노동당)의

---

2) 17대 총선은 정치관계법 개정을 통하여 1인 2표제로 실시되어 유권자들은 이전 총
선과 달리 후보자와 정당에 각각 투표할 수 있게 되었다. 본 연구는 두 가지 투표
중 후보자투표에만 분석의 초점을 맞추어 연구를 진행할 것이다. 그 이유는 첫째,
후보자투표만이 있었던 16대 총선과의 비교연구를 수행하고 있기 때문에 분석대상
의 통일성을 유지할 필요가 있고, 둘째, 투표의 종류에 따라 발생할 수도 있는 유권
자의 투표행태 차이를 분석하는 것은 이 연구의 범위를 벗어나는 것으로 논의의 분
산을 가져올 수 있기 때문이다.
3) 새천년민주당의 경우 급진적 진보주의를 표방하는 열린우리당이 새롭게 출현하였다

후보자에 투표하였을 경우에는 0으로 조작화하였다.[4] 이념변수는 유권자들의 이념성향을 묻는 설문을 통하여 얻어진 것으로 '아주 진보적' 0점에서 '아주 보수적' 10점 사이에 응답한 수치를 사용하였다. 세대변수는 20대=1, 30대=2, 40대=3, 50대 이상=4로 코딩되었다. 탄핵변수는 17대 총선에서 노무현 대통령 탄핵 쟁점이 유권자의 투표선택에 중요한 영향을 미쳤다는 주장(윤종빈 2005; 강원택 2004)을 고려하여 모델에 포함시켰으며, '매우 찬성'=1, '대체로 찬성'=2, '대체로 반대'=3 '매우 반대'=4로 측정된 자료를 사용하였다. 충청, 호남, 강원, 영남의 지역변수들은 응답자가 그 지역에 거주하면 1로, 그렇지 않으면 0으로 조작하였다. 이 지역변수들은 지역주의의 영향을 측정하기 위한 가변수로서 서울·경기지역이 기준변수로 설정되어 있다.[5]

한국에서 로지스틱 회귀분석을 사용한 기존 연구들의 경우 회귀계수의 통계적 유의미성과 승산비(odds ratio)에 대한 논의를 중심으로 통계결과를 분석하는 방식을 주로 사용하였다(예를 들어 강원택 2003; 백준기 외 2003; 이갑윤 2002; 정진민·황아란 1999; 정진민 1993). 회귀계수의 통계적 유의미성과 승산비를 중심으로 한 분석방식은 "다른 모든 독립변수들의 영향을 통제하였을 때(cetris paribus)" 특정 독립변수가 종속변수에 어떠한 영향을 미

는 점에서, 그리고 17대 총선 직전 보수정당과 공조하여 대통령 탄핵안 가결을 주도하였다는 점에서 전통적인 진보세력으로서의 입지에 손상을 입기도 하였다. 하지만 새천년민주당의 경우 민주화 이후 평화민주당을 모태로 하여 지속적으로 보수정당과 정책적인 차별성을 보이면서 한국의 진보세력을 대변해왔던 것이 사실이다(강원택 2003; 강명세 1996; 이숙종 1996; 이정복 1992). 그러므로 본 연구는 17대 총선에서 전개되었던 특수한 정치상황으로 인하여 새천년민주당에 대한 유권자들의 평가가 진보적인 차원에서 중도적인 차원으로 일정 수준 변화된 측면이 존재하지만 새천년민주당은 진보정당으로 분류하는 것이 보다 적실성을 가질 수 있다고 판단하였다. 한편 새천년민주당을 중도정당으로 간주하여 분석대상에서 제외시킨 경우에도 본 연구의 결과는 큰 차이를 보이지 않는 것으로 나타났다.

4) 국민통합 21을 포함한 기타 정당에 투표한 유권자들(19명, 1.3%)의 경우 결측값으로 처리하였다.

5) 충청지역에서는 신행정수도 건설이라는 쟁점이 이 지역 유권자들의 투표행태에 의미 있는 영향을 미쳤을 것으로 사료된다. 그러나 본 연구에서 사용하고 있는 설문조사 자료에는 이를 파악할 수 있는 설문이 포함되어 있지 않았기 때문에 통계분석을 수행함에 있어 그 영향력을 고려하기가 불가능하였다.

치는가를 파악할 수 있게 해준다는 점에서 장점을 갖는다. 그러나 본 연구의 목적은 특정 독립변수가 종속변수에 미치는 독립적인 영향력을 검토하는 것 이상의 것을 요구한다는 점에서 기존의 분석방식은 제한적인 도움만을 제공한다. 본 연구의 주된 관심인 이념균열의 등장에 따른 지역균열의 변화 가능성 또는 이념과 세대 사이의 관계를 적실성 있게 분석하기 위해서는 여타 독립변수들의 변화에 따라 특정 독립변수의 종속변수에 대한 영향력이 어떤 변화를 보이는가를 측정할 필요가 있다. 구체적으로 예를 들어 말하자면 본 연구는 이념의 영향력이 통제된 상태에서 지역균열이 유권자의 투표 선택에 미치는 독립적 영향력이 어떠한가를 분석하는 것보다는 이념이 진보에서 보수로 변화함에 따라 지역균열이 투표선택에 미치는 영향력이 변하는지 혹은 변하지 않는지, 그리고 변한다면 어떻게 변하는지에 더 많은 관심이 있다. 이러한 이유로 기존의 분석방식에 전적으로 의존하여 연구를 진행할 경우 한계가 있을 수 있다.

본 연구는 이와 같은 회귀계수의 통계적 유의미성과 승산비를 중심으로 한 분석방식의 한계를 극복하기 위하여 지역(호남 대 서울·경기 대 영남), 세대(30대 대 50대 이상)[6], 그리고 이념(진보적 성향=1 대 중도적 성향=5 대 보수적 성향=9)의 변수들을 조합, 18개의 그룹을 만들어 그들이 보수정당 후보자에 투표할 확률을 아래와 같은 공식에 기반하여 산출하였다.[7]

$$Prob(y=1) = \frac{e^{a+\beta 1^* \text{이념} + \beta 2^* \text{세대} + \beta 3^* \text{탄핵} + \beta 4^* \text{충청} + \beta 5^* \text{호남} + \beta 6^* \text{강원} + \beta 7^* \text{영남}}}{1 + e^{a+\beta 1^* \text{이념} + \beta 2^* \text{세대} + \beta 3^* \text{탄핵} + \beta 4^* \text{충청} + \beta 5^* \text{호남} + \beta 6^* \text{강원} + \beta 7^* \text{영남}}}$$

---

6) 본 연구에서 30대와 50대 이상의 두 집단을 비교의 대상으로 선정한 것은 논의를 전개함에 있어 편의를 도모하기 위함이었다. 20대 집단과 40대 집단을, 혹은 20대 집단과 50대 이상의 집단을 비교하더라도 본 연구의 통계분석 결과와 대동소이한 결론을 얻는다.

7) 로지스틱 회귀분석 결과를 통하여 확률을 구하는 방식에 대한 보다 구체적인 논의는 리아오(Liao 1994, 10-18)의 저서를 참고하시오.

예를 들어 탄핵에 대체로 반대하는 호남지역의 30대 보수적 성향의 유권
자가 보수정당 후보자에 투표할 확률은 아래와 같은 공식에 로지스틱 회귀
계수를 대입함으로써 구해질 수 있다. 본 연구에서는 지역, 세대, 이념을 조
합하여 만든 18개 그룹들이 보수정당 후보자에 투표할 확률을 아래의 공식
에 의해 각각 산출하여 비교함으로써 지역주의의 영향력을 통제한 상태에서
이념균열과 세대균열의 관계를 규명하는 동시에 이념과 세대 균열의 등장에
따른 지역균열의 변화 가능성을 살펴볼 것이다.

$$Prob(y=1) = \frac{e^{a+\beta 1^*(\text{이념}=9)+\beta 2^*(\text{세대}=2)+\beta 3^*(\text{탄핵}=3)+\beta 4^*(\text{충청}=0)+\beta 5^*(\text{호남}=1)+\beta 6^*(\text{강원}=0)+\beta 7^*(\text{영남}=0)}}{1+e^{a+\beta 1^*(\text{이념}=9)+\beta 2^*(\text{세대}=2)+\beta 3^*(\text{탄핵}=3)+\beta 4^*(\text{충청}=0)+\beta 5^*(\text{호남}=1)+\beta 6^*(\text{강원}=0)+\beta 7^*(\text{영남}=0)}}$$

2. 결과 분석

다음의 <표 4-1>은 앞서 제시한 17대 총선 유권자 투표결정 모델을 토대
로 로지스틱 회귀분석을 수행한 결과를 정리하여 제시한 것이다. 회귀계수의
통계적 유의미성과 승산비를 중심으로 연구결과를 정리하자면 다음과 같다.
먼저 지역주의의 영향을 측정하고 있는 가변수들 중 호남과 영남의 변수가
통계적으로 유의미한 것으로 나타났다. 구체적으로 호남변수의 Exp(β)는
0.018로 나타났는데, 이는 다른 변수들의 영향력을 통제하였을 때 서울·경
기지역의 유권자들과 비교하여 호남지역 유권자들이 보수정당 후보자에 투표
할 승산비를 나타낸 것으로 호남지역 유권자들이 서울·경기지역 유권자들과
비교하여 보수정당 후보자에 투표할 가능성이 압도적으로 낮다―거의 0에 가
깝다―는 점을 보여준다. 한편 영남변수의 Exp(β)는 1.956으로 나타났는데,
이 역시 다른 변수들의 영향력을 통제하였을 때 서울·경기지역 유권자들과
비교하여 영남지역 유권자들이 보수정당 후보자에 투표할 승산비가 거의 두

배에 이른다는 점을 의미한다. 즉 영남지역 유권자들은 서울·경기지역 유권자들과 비교하여 훨씬 더 보수정당 후보자에 투표하는 성향을 보이고 있다는 점을 연구결과를 통하여 알 수 있다. 그리고 충청과 강원 변수들이 통계적으로 무의미하게 나타난 것은 이 지역 유권자들이 서울·경기지역 유권자들과 비교할 때 통계적으로 유의미한 수준에서 차이를 보이는 투표선택을 하지 않았다는 점을 시사한다.

〈표 4-1〉 17대 총선 유권자 투표결정 모델 로지스틱 회귀분석 결과

독립변수	회귀계수	Exp(β)
이 념	0.28(0.04)**	1.322
세 대	0.23(0.09)**	1.263
탄 핵	-1.20(0.11)**	0.301
충 청	0.16(0.28)	1.178
호 남	-4.01(1.05)**	0.018
강 원	-0.44(0.45)	0.643
영 남	0.67(0.21)**	1.956
상 수	0.97(0.46)*	2.643
적중률	81.8%	
Nagelkerke R^2	0.512	
N	906	

※ 괄호안의 숫자는 표준오차를 나타내며, *: $p < 0.05$, **: $p < 0.01$을 의미한다.

이념과 세대의 변수도 유권자의 투표선택에 통계적으로 유의미한 영향을 미친 것으로 나타났다. 다른 변수들의 영향력을 상수(constant)로 고정시켰을 때 보수적인 이념성향을 보일수록, 그리고 나이가 많을수록 보수정당 후보자에 투표하는 경향이 강한 것으로 나타났다. 이 밖에 탄핵에 대한 유권자의 입장도 통계적으로 유의미한 수준에서 투표결정에 영향을 미친 것으로 나타났다. 다른 변수들의 영향력을 통제하였을 때 탄핵에 반대하는 입장을

보일수록 진보정당 후보자에 투표하는 경향이 강한 것으로 나타났다. 본 연구에서 채택하고 있는 모델의 적중률은 81.8%이었으며, Nagelkerke R^2에서 알 수 있듯이 종속변수의 51.2%가 본 연구의 모델을 통하여 설명되어질 수 있는 것으로 밝혀졌다.

<표 4-2>는 로지스틱 회귀분석의 결과를 토대로 앞에서 제시한 공식을 대입, 18개 그룹들이 보수정당 후보자에 투표할 확률을 각각 구하여 제시한 것이다. 먼저 이념과 세대와의 관계를 분석해보자. 동일한 세대에서 이념성향이 진보에서 보수로 변화될 때 보수정당 후보자에 투표할 확률이 어떻게 변하는지 살펴본 결과 호남, 서울·경기, 그리고 영남 지역 모두 같은 세대 (30대 혹은 50대 이상)에 속한 유권자들이라도 그들의 이념적 성향이 보수성을 띨수록 보수정당 후보자에 투표할 확률이 높아지고 있음을 목격할 수 있다. 예를 들어 영남지역 30대 유권자들의 경우 이념성향이 진보에서 보수로 변해감에 따라 보수정당 후보자에 투표할 확률은 23%에서 48%, 그리고 73%로 점차 높아지고 있음을 알 수 있다. 이는 곧 진보정당 후보자에 투표를 할 것으로 예측되는 30대 유권자들의 경우에도 보수적인 이념성향을 지니고 있다면 진보정당 후보자가 아닌 보수정당 후보자에 투표할 수 있다는 점을 보여준다.

〈표 4-2〉 그룹별 보수정당 후보자에 투표할 확률

그룹 \ 이념	이념=1 (진 보)	이념=5 (중 도)	이념=9 (보 수)
호남 / 30대 / 탄핵 대체로 반대	0.3%	0.8%	3%
호남 / 50대 이상 / 탄핵 대체로 반대	0.4%	1%	4%
서울·경기 / 30대 / 탄핵 대체로 반대	13%	32%	59%
서울·경기 / 50대 이상 / 탄핵 대체로 반대	19%	42%	69%
영남 / 30대 / 탄핵 대체로 반대	23%	48%	73%
영남 / 50대 이상 / 탄핵 대체로 반대	32%	59%	82%

그러나 유권자의 이념성향이 투표결정에 미치는 영향의 강도가 모든 지역에서 동일하게 나타나는 것은 아니다. 호남지역을 살펴보면 같은 세대에 속한 유권자들의 이념성향이 보수적일수록 보수정당 후보자에 투표할 확률이 높아지는 것은 사실이지만 그 상승폭이 서울·경기지역이나 영남지역과 비교하여 상대적으로 극히 미미한 수준임을 알 수 있다. 예를 들어 호남지역 30대 유권자들의 경우 이념성향이 진보에서 보수로 변해감에 따라 보수정당 후보자에 투표할 확률은 0.3%에서 0.8%, 그리고 3%로 변해가지만 그 증가치는 약 2.7%에 불과하다. 이러한 연구결과는 호남지역 유권자들의 투표선택에 이념성향이 영향을 미칠 가능성은 존재하지만 실질적으로 타 지역 유권자들과 비교하여 상대적으로 매우 적은 영향을 미치고 있다는 것으로 해석될 수 있다.

한편 유권자들의 이념성향과 지역을 동일한 수준에서 고정시키고 자신들이 속한 세대에 따라 어떠한 투표선택을 보이고 있는지를 살펴보면 유권자의 이념성향이 진보, 중도, 보수 중 어느 하나에 고정되어 있는 경우 서울·경기지역과 영남지역에 거주하는 유권자들은 30대에서 50대 이상으로 세대가 올라갈수록 보수정당 후보자에 투표할 확률이 높아짐을 확인할 수 있다. 예를 들어 중도적 이념성향을 띠고 있는 영남지역 유권자들의 경우 30대에서 50대 이상으로 세대가 변함에 따라 보수정당 후보자에 투표할 확률은 48%에서 59%로 상승하는 것으로 나타났다. 이것은 동일한 이념성향을 갖고 있는 유권자들이라 하더라도 세대의 차이에 따라 보수정당 후보자에 투표할 확률이 차이를 보인다는 점을 의미하는 것으로 세대균열이 유권자의 투표결정에 영향을 미친다는 기존 연구의 가설을 경험적으로 증명해줄 수 있는 예가 될 수 있다.

그러나 유권자의 투표결정에 있어 세대의 영향력도 이념성향과 마찬가지로 지역적 차이를 보이고 있다는 점은 주목할 필요가 있다. 즉 서울·경기지역과 영남지역의 경우 나이가 많은 기성세대로 갈수록 보수정당 후보자에 투표할 확률이 거의 비슷한 상승폭을 보이고 있는 반면 호남지역의 경우 보수정당 후보자에 투표할 확률이 세대간 큰 차이를 보이고 있지 않아 세대의 영향력이 거의 없는 것으로 파악된다. 예를 들어 호남지역의 경우 중도적 성향의 유권자들은 세대가 30대에서 50대 이상으로 바뀜에 따라 보수정당 후보자에 투표할 확률이 0.8%에서 1%로 단지 0.2% 증가에 그치고 있다. 그리고 보수적 성향의 유권자들도 세대가 30대에서 50대 이상으로 바뀜에 따라 보수정당 후보자에 투표할 확률은 3%에서 4%로 불과 1% 정도의 증가폭만을 보이고 있다. 이러한 연구결과를 놓고 볼 때 호남지역에서는 세대의 차이가 유권자의 투표결정에 별 영향을 미치지 못하였을 가능성이 높다고 볼 수 있다.

다음으로 이념균열의 등장에 따른 지역균열의 변화 가능성에 대하여 논의해 보자. 선거에 있어서 지역균열이 존재하기 위해서는 다음의 두 가지 전제가 충족되어야 한다고 판단된다. 우선 지역 내 동질성이 이루어져야 한다. 왜냐하면 선거 당시 한 지역 내에서 어떤 특정 정당이나 후보자에 대한 지지율이 매우 높게 나타나지 않는다면 유권자의 투표결정에 있어서 지역균열의 영향력이 크다고 간주하기 어렵기 때문이다. 그러나 이러한 역내 동질성만으로 지역균열의 모든 조건이 구비되는 것은 아니다. 지역균열이 이루어지기 위해서는 서로 상충하고 있는 두 개 이상의 지역이 존재해야 한다. 이는 모든 지역이 서로 똑같은 목소리를 낸다면 균열이 있을 이유가 없다는 지극히 상식적인 차원의 사고에 기반을 둔 주장이다. 그렇다면 17대 총선에 있어서 지역균열이 여전히 굳게 자리 잡고 있는지를 확인하기 위해서는 지역균열의 본고지인 호남과 영남 지역에서 지역 내 동질성이 존재하는가를 확인함과 동시에 이 두 지역의 유권자들이 서로 상반된 투표행태를 보이고 있는지를 조사해야만 할 것이다.

우선 지역 내 동질성이 존재하는지 여부를 앞서 제시한 <표 4-2>를 통하여 확인해 보면 영남지역의 경우 역내 동질성이 그리 높지 않은 것으로 나타났다. 영남지역의 경우 나이가 젊은 세대는 나이가 많은 기성세대와 비교하여 이념성향의 차이에 상관없이 약 10% 정도 더 진보정당 후보자에 투표하는 것으로 나타났는데, 이것은 이 지역에서 세대의 차이에 따라 유권자의 투표행태가 차이를 보이고 있음을 의미한다. 이에 덧붙여 영남지역에서는 이념성향의 차이에 따라 보수정당 후보자에 투표할 확률이 매우 큰 편차를 보이며 변하고 있음을 발견할 수 있다. 예를 들어 영남지역 50대 이상의 진보적 성향의 유권자가 보수정당 후보자에 투표할 확률은 32%에 불과하다. 그러나 영남지역 50대 이상의 유권자들의 이념성향이 점차 보수적으로 변해갈수록 보수정당 후보자에 투표할 확률은 59%에서 82%로 상승하고 있다. 이러한 결과는 영남지역 유권자들의 투표행태가 지역 내적으로 그리 동질적이지 못함을 보여주는 경험적 증거라고 할 수 있다. 그리고 이러한 영남지역의 내적 비동질성이 이념과 세대의 균열에 따라 이루어지고 있음은 특히 주목할 만하다.

앞의 <표 4-2>의 결과를 토대로 호남지역의 경우를 살펴보면 영남지역과는 반대로 역내 동질성이 매우 높은 것으로 나타난다. 호남지역 유권자들은 세대의 차이와 상관없이 거의 압도적으로 진보정당 후보자에 투표하는 특징을 보이고 있다. 특히 놀라운 것은 호남지역의 기성세대들이 보여준 진보성이라 할 수 있다. 모든 이념적 스펙트럼에서 호남지역 50대 이상의 유권자들이 타 지역 30대 유권자들보다 진보정당에 투표할 확률이 높게 나타났다. 이렇게 호남지역의 기성세대가 진보적 성향을 보이는 것은 광주 민주화 항쟁을 겪었고, 지역적으로 상당히 오랜 기간 동안 소외되어 왔으며, 김대중이라는 진보적 성향의 정치지도자가 오랜 기간 동안 지역의 리더로 활동하였다는 점이 종합적으로 작용하였을 가능성이 크다. 즉 호남지역 기성세대들의 경우 그들이 성장해왔던 환경이 진보적 성향을 배태하기 쉬운 구조였다고 볼 수 있다.

한편 <표 4-2>는 호남지역에서 유권자의 이념성향이 투표결정에 그리 큰 영향을 미치지 못하고 있음을 보여주고 있다. 왜냐하면 스스로 보수적 성향을 지니고 있다고 응답한 유권자들이 실제로 보수정당 후보자에 투표할 확률은 매우 낮았기 때문이다. 이와 관련하여 백준기·조정관·조성대(2003,

151)의 공동연구가 "진보>보수의 기준으로 비교할 때 호남의 가장 보수적인 층>전국지역의 가장 진보적인 층>영남의 가장 진보적인 층 순으로 순위가 매겨진다"는 점을 밝혀낸 것은 주목할 필요가 있다. 왜냐하면 이러한 발견은 호남지역 보수적 성향의 유권자들이 타 지역 진보적 성향의 유권자들과 비교하여 상대적으로 진보적인 성향이 강하다는 특징을 밝혀낸 것으로 이와 같이 보수적 성향의 호남인들마저 상대적으로 진보적인 성향을 지니고 있다면 호남지역의 유권자들은 이념적 차이와 상관없이 보수정당 후보자에 투표할 확률이 매우 낮게 나타나는 것은 당연한 귀결이 되기 때문이다.

그렇다면 위의 분석을 통하여 호남지역은 내적으로 동질적이라고 결론지을 수 있는가? 이 질문에 대한 답은 쉽게 내릴 수 있는 성질의 것이 아니다. 그 이유는 17대 총선에서 호남지역을 놓고 두 개의 진보정당, 즉 열린우리당과 새천년민주당이 경쟁을 하였기 때문이다. 호남지역에서 진보정당 대 보수정당 구도로 분석을 하면 타 지역과 비교하여 상대적으로 진보적인 성향을 띠고 있는 호남지역 유권자들 대부분이 17대 총선에서 진보정당(열린우리당과 새천년민주당)에 투표하였다고 말할 수 있을 것이며, 따라서 호남지역의 역내 동질성은 매우 높다고 주장할 수 있을 것이다. 그러나 모두 진보정당에 속하기는 하지만 보다 진보적이고 급진적인 열린우리당과 상대적으로 덜 진보적이고 온건한 새천년민주당이라는 구도 속에서 호남지역 유권자들의 투표행태를 분석할 때에도 마찬가지로 동질성을 기대하기는 힘들 것이다. 왜냐하면 타 지역과 비교하여 상대적으로 진보적이지만 호남지역 내에서는 자신의 이념성향이 보수적이라고 응답한 유권자들은 열린우리당과 비교하여 상대적으로 덜 진보적이고 온건한 새천년민주당에 표를 던질 확률이 높다는 점을 고려할 때 호남지역 내에서도 유권자의 이념성향 차이에 따른 비동질성이 나타날 가능성이 존재하기 때문이다.

이러한 가능성을 검증하기 위하여 본 연구는 호남지역 유권자들만을 대상으로 아래의 로지스틱 회귀분석 모델을 토대로 투표결정요인을 분석하였다. 이 모델에서 종속변수 V_2는 호남지역 유권자들의 후보자투표로서 열린우리당에 투표하였을 경우에는 1로, 그리고 새천년민주당에 투표하였을 경우에는 0으로 조작화하였다.8) 각각의 독립변수들은 앞서 제시한 모델 1과 동일하게 측정되었다.

모델 2: $V_2 = a + \beta_1^*$ 이념 $+ \beta_2^*$ 세대 $+ \beta_3^*$ 탄핵 $+ \varepsilon$

로지스틱 회귀분석 결과 아래의 <표 4-3>에서 볼 수 있듯이 호남지역 유권자들에게 있어 세대변수는 지지정당 선택에 통계적으로 유의미한 영향을 미치지 못하는 것으로 나타났다. 반면 유권자의 이념적 성향과 탄핵에 대한 입장은 지지정당 선택에 통계적으로 유의미한 영향을 미치는 것으로 나타났다. 즉 호남지역에서 유권자가 진보적인 성향을 보일수록, 그리고 탄핵에 반대할수록 열린우리당 후보자에 투표할 가능성이 높은 것으로 나타났다.

〈표 4-3〉 17대 총선 호남지역 유권자 투표결정 모델 로지스틱 회귀분석 결과

독립변수	회귀계수	Exp(β)
이 념	-0.432(0.142)**	0.650
세 대	0.585(0.586)	1.795
탄 핵	1.705(0.501)**	5.500
상 수	-3.656(2.047)*	0.026
적중률	82.4%	
Nagelkerke R^2	0.450	
N	107	

※ 괄호안의 숫자는 표준오차를 나타내며, *: $p < 0.1$, **: $p < 0.01$을 의미한다.

---

8) 17대 총선 유권자 설문조사 자료에서 호남지역 유권자들 중 열린우리당과 새천년민주당 이외의 정당후보자에 투표한 유권자들의 비율은 단지 4.7%에 지나지 않았으며, 본 연구의 모델 2에서 이들은 분석대상에서 제외되어 있다.

<표 4-4>는 이와 같은 로지스틱 회귀분석 결과를 토대로 이념성향의 차이에 따라 호남지역 유권자들이 열린우리당 후보자에 투표할 확률이 어떻게 변하고 있는가를 산출하여 나타낸 것이다.9) 연구결과 탄핵의 효과를 통제하였을 때 유권자가 보수적인 성향을 보일수록 열린우리당 후보자에 투표할 확률이 74%에서 33%로, 그리고 8%로 줄어드는 것으로 나타났다. 이것은 호남지역 보수적 성향의 유권자들이 상대적으로 열린우리당 후보자보다는 새천년민주당 후보자에 투표할 확률이 높은 반면 호남지역 진보적 성향의 유권자들은 상대적으로 새천년민주당 후보자보다는 열린우리당 후보자에 투표할 확률이 높다는 것을 의미한다.

〈표 4-4〉 호남지역 유권자들이 열린우리당 후보자에 투표할 확률

	이념=1 (진 보)	이념=5 (중 도)	이념=9 (보 수)
탄핵에 대체로 반대	74%	33%	8%

이러한 연구결과는 호남지역도 영남지역과 마찬가지로 유권자들이 내적으로 동질적인 투표행태를 보이고 있지 못하다는 점을 보여준다. 물론 호남지역 유권자들의 내적 비동질성은 영남지역 유권자들의 내적 비동질성과 비교할 때 그 성격 면에서 차이를 보이는 것이 사실이다. 영남지역 유권자들의 경우 한나라당 이외의 대안적인 보수정당이 존재하지 않는 상태에서 보수와 진보의 대결구도에 따라, 그리고 세대의 차이에 따라 보수정당 후보자에 대한 투표확률의 변화가 발생하고 있다. 반면 호남지역의 경우는 지역 내적으로 유권자들이 전반적으로 진보적 성향을 지니고 있음에도 불구하고 열린우리당과 새천년민주당의 분열로 인하여 내적 동질성을 확보하는 데 실패하고

---

9) 로지스틱 회귀분석 결과 세대변수는 호남지역 유권자들의 지지정당 선택에 통계적으로 유의미한 영향을 미치지 못하는 것으로 나타났기 때문에 확률분석에서 제외시켰다.

있다. 그러나 이러한 호남지역의 분열에도 유권자들의 이념성향이 작동하고 있다는 점은 주목할 필요가 있다. 즉 호남지역에서 스스로를 보수적 성향을 갖고 있다고 평가한 유권자들은 상대적으로 열린우리당 후보자보다는 새천년민주당 후보자에 투표할 확률이 높았으며, 스스로를 진보주의자로 생각하고 있는 사람들은 상대적으로 새천년민주당 후보자보다는 열린우리당 후보자에 투표할 확률이 높았다. 다시 말해 본 연구의 결과는 호남지역도 유권자들의 이념성향에 따라 역내 동질성이 흔들리고 있음을 시사한다.

이상과 같은 본 연구의 결과는 호남 대 영남의 지역균열을 가능하게 하는 중요한 조건 중 하나인 역내 동질성이 크게 흔들리고 있음을 보여준다. 또한 이러한 연구결과는 역내 비동질성이 형성된 이면에는 이념균열-영남지역의 경우에는 세대균열까지-의 등장이 중요한 역할을 하고 있다는 점을 여실히 드러내고 있다. 즉 이념과 세대 균열의 효과로 인하여 지역균열의 두 가지 조건 중 하나인 역내 동질성이 흔들리고 있는 것이다. 그럼 지역균열의 또 다른 조건인 지역간 대립은 어떠한가?

역내 동질성이 흔들리고 있긴 하지만 영남지역 유권자들은 세 지역들 중 가장 보수적인 투표행태를 보이고 있으며, 호남지역 유권자들은 가장 진보적인 투표행태를 보이고 있다. 앞의 <표 4-2>에 따르면 영남지역 유권자들은 그들과 같은 이념적 성향과 세대에 속한 타 지역의 유권자들과 비교하여 훨씬 보수정당 후보자에 투표할 가능성이 높은 것으로 밝혀졌다. 예를 들어 진보적 성향의 30대 유권자가 보수정당 후보자에 투표할 확률은 호남지역에서 0.3%, 그리고 서울·경기지역에서 13% 정도에 그쳤으나 영남지역에서는 무려 23%에 달하고 있다. 이러한 결과는 영남지역과 호남지역 유권자들이 서로 상충하는 투표행태를 보이고 있다는 점을 드러내고 있다. 영남지역과 호남지역 모두 내적으로 흔들리고 있는 모습들을 확인할 수 있었지만 영남 대 호남이라는 지역적 대립구도는 외형적으로는 유지되고 있음을 나타내는 것이다. 그리고 이것은 호남과 영남을 가르는 지역균열이 완전히 사라졌다고 주장하기에는 아직 시기상조라는 점을 시사한다.

지금까지의 분석을 요약해 보면 17대 총선에서 아직도 호남지역 유권자들은 진보정당 후보자에, 그리고 영남지역 유권자들은 보수정당 후보자에 투표하는 성향을 보이고 있으며, 이는 일면 지역균열과 이념균열이 중첩되어 있다는 일련의 주장들(최영진 2001; 백준기 외 2003)이 타당할 수도 있다는 점을 시사한다. 그러나 본 연구의 결과는 기존 지역균열의 변화는 시작되었음을 분명히 보여주고 있다. 영남지역의 경우 유권자들이 젊고 진보적인 성향을 보일수록 진보정당 후보자에 투표할 확률이 높게 나타났다. 또한 전반적으로 진보적인 성향을 보이고 있는 호남지역에서도 스스로를 진보주의자로 생각할수록 새천년민주당보다는 열린우리당에 투표할 확률이 높게 나타났다. 타 지역과 비교할 때 호남지역 유권자들은 대부분 진보주의자로 불릴 수 있으나 이들 진보주의자들 사이에서도 급진적 진보주의자(열린우리당 지지)와 온건한 진보주의자(새천년민주당 지지)로 이념적 균열이 형성되고 있었기에 그러한 결과가 가능하였던 것으로 판단된다. 결국 이러한 연구결과는 지역균열로 오랜 기간 동안 대립해오던 호남지역과 영남지역에서 이념균열 – 영남지역에서는 세대균열도 – 의 조짐이 매우 뚜렷이 나타나고 있으며, 이것이 굳건히 유지되어 왔던 기존의 지역균열을 서서히 잠식해 들어가기 시작하였다는 점을 명시하고 있다고 하겠다.

3. 16대 총선과의 비교분석 결과

이 시점에서 17대 총선에 나타난 유권자들의 투표행태와 16대 총선에 나타난 유권자의 투표행태를 비교하여 살펴보는 것은 매우 의미가 있을 수 있다. 왜냐하면 두 총선에 나타난 유권자의 투표행태를 비교함으로써 17대 총선에 보인 지역균열의 흔들림이 과거와 비교하여 얼마나 진행되었는지를 파악할 수 있기 때문이다. 한국사회과학데이터센터가 16대 총선 직후 실시한 유권자 설문조사를 토대로 본 연구는 다음과 같은 16대 총선 유권자 투표결정 모델을 만들었다.

모델 3: $V_3 = a + \beta_1 *$ 이념 $+ \beta_2 *$ 세대 $+ \beta_3 *$ 낙천·낙선운동 $+ \beta_4 *$ 충청 $+ \beta_5 *$ 호남 $+ \beta_6 *$ 강원 $+ \beta_7 *$ 영남 $+ \varepsilon$

구체적으로 모델 3에서 종속변수 V_3은 가변수로서 유권자의 후보자투표를 의미하며, 보수정당(한나라당, 자민련, 민국당) 후보자에 투표하였으면 1로, 그리고 진보정당(새천년민주당) 후보자에 투표하였으면 0으로 조작화하였다. 이념변수는 유권자의 이념성향을 묻는 설문을 사용하였으며 진보=1, 중도=2, 보수=3으로 측정되었다.[10] 세대변수는 20대=1, 30대=2, 40대=3, 50대 이상=4로 측정되었다. 낙천·낙선운동 변수는 16대 총선에서 낙천·낙선 운동이 유권자들의 투표행태에 중요한 영향을 미쳤다는 주장들(진영재·엄기홍 2002; 조기숙·김선웅 2002; 조진만 2001)을 고려하여 포함시켰으며, '많은 영향을 주었음'=1, '약간 영향을 주었음'=2, '별로 영향을 주지 않았음'=3, '전혀 영향을 주지 않았음'=4로 측정되었다. 충청, 호남, 강원, 영남의 지역변수는 응답자가 그 지역에 거주하면 1로, 그렇지 않으면 0으로 처리하였다. 이 변수들은 지역주의의 영향을 측정하기 위한 가변수로서 서울·경기지역이 기준변수로 형성되었다.

---

10) 17대 총선 유권자 설문조사의 경우 유권자들의 이념성향이 0점에서부터 10점 사이의 수치로 측정되었지만 16대 총선 유권자 설문조사의 경우 3점 척도를 사용하여 유권자들의 이념성향을 측정하였다.

〈표 4-5〉 16대 총선 유권자 투표결정 모델 로지스틱 회귀분석 결과

독립변수	회귀계수	Exp(β)
이 념	0.517(0.145)**	1.677
세 대	-0.033(0.095)	0.967
낙천 · 낙선운동	0.270(0.123)*	1.310
충 청	0.012(0.307)	1.012
호 남	-3.589(1.032)**	0.028
강 원	0.253(0.526)	1.287
영 남	2.012(0.290)**	7.476
상 수	-1.313(0.416)**	0.269
적중률	69.5%	
Nagelkerke R^2	0.319	
N	541	

※ 괄호안의 숫자는 표준오차를 나타내며, *: $p < 0.05$, **: $p < 0.01$을 의미한다.

<표 4-5>는 16대 총선에서 유권자의 투표결정에 영향을 미친 요인들을 로지스틱 회귀분석을 통하여 파악한 것이다. 연구결과 영남과 호남의 지역 변수가 유권자의 투표결정에 통계적으로 유의미한 수준에서 영향을 미친 것으로 나타났다. 두 변수의 승산비를 보면 영남지역 유권자들은 서울·경기 지역 유권자들과 비교하여 압도적으로 보수정당 후보자에 투표할 가능성이 높은 것으로 나타났으며, 호남지역 유권자들의 경우 그 반대로 압도적으로 진보정당 후보자에 투표할 가능성이 높은 것으로 나타났다. 유권자의 이념 성향과 낙천·낙선운동의 영향력에 대한 의견도 통계적으로 유의미한 수준 에서 유권자의 투표결정에 영향을 미치는 것으로 나타났다. 즉 다른 변수들 의 영향력을 통제하였을 때 유권자의 이념성향이 보수적일수록, 그리고 낙 천·낙선운동에 반대할수록 보수정당에 투표할 가능성이 높은 것으로 나타 났다. 그러나 세대변수는 유권자의 투표결정에 통계적으로 유의미한 영향을 미치지 않는 것으로 나타남으로써 16대 총선에서 세대균열의 영향력은 존재 하지 않았던 것으로 확인되었다.

<표 4-6>은 앞의 로지스틱 회귀분석 결과를 토대로 보수정당 후보자에 투표할 확률을 그룹별로 산출하여 나타낸 것이다. 일단 이 표를 통하여 파악할 수 있는 가장 두드러진 특징은 호남지역과 영남지역 사이에 지역균열이 선명히 나타나고 있다는 점이다. 호남지역 유권자들의 경우 이념성향의 차이에 따른 투표행태의 변화는 별로 없었으며, 거의 전적으로 진보정당 후보자에 투표하고 있는 것으로 나타났다. 반면 영남지역 유권자들의 경우 압도적으로 보수정당 후보자에 투표하고 있는 것으로 나타났다. 이 지역의 경우 진보적 성향의 유권자들은 중도적 성향이나 보수적 성향의 유권자들과 비교하여 보수정당 후보자에 투표할 확률이 약간 떨어지긴 하였지만 그럼에도 불구하고 그 확률이 85%나 됨으로써 압도적으로 보수정당 후보자에 투표하고 있음을 확인할 수 있었다. 이러한 결과는 지역균열의 두 가지 조건인 역내 동질성과 지역간 상충성이 16대 총선에는 모두 충족되어 있었다는 점을 의미한다. 따라서 16대 총선에서 지역균열은 굳건히 자리 잡고 있었으며 이념적 성향과 낙천·낙선운동과 같은 선거 당시 특정 쟁점들의 영향도 그러한 지역균열의 간극을 메우지 못하였다고 결론지을 수 있다.[11]

〈표 4-6〉 그룹별 보수정당 후보자에 투표할 확률

그 룹 이 념	이념=1 (진 보)	이념=5 (중 도)	이념=9 (보 수)
호남 / 낙천·낙선운동에 약간 영향 받음	2%	4%	6%
서울·경기 / 낙천·낙선운동에 약간 영향 받음	44%	56%	69%
영남 / 낙천·낙선운동에 약간 영향 받음	85%	91%	94%

이와 같이 지역균열이 완연하였던 16대 총선과 비교해볼 때 17대 총선에서 지역균열이 얼마나 흔들리고 있는지 쉽사리 파악할 수 있다. 영남지역과

---

11) 한편 이와 같은 연구결과는 지역균열과 이념균열이 중첩되어 있다는 가설이 적어도 16대 총선에서는 적실성을 가질 수 있다는 점을 시사한다.

호남지역 모두 이념성향 차이가 유권자의 투표행태에 별다른 영향을 미치지 못하였던 16대 총선과 비교하여 17대 총선에서는 이념성향의 차이에 따라 유권자의 투표행태가 변화되기 시작하였다는 점을 목격할 수 있다. 영남지역의 경우 진보적 성향의 유권자들이 보수정당 후보자에 투표할 확률과 보수적 성향의 유권자들이 보수정당 후보자에 투표할 확률의 차이는 약 50%에 이를 정도로 이념성향 차이에 따라 유권자의 투표행태는 매우 상이한 특징을 보였다. 16대 총선에서는 진보적 성향의 유권자들이 보수정당 후보자에 투표할 확률과 보수적 성향의 유권자들이 보수정당 후보자에 투표할 확률의 차이가 10%에도 미치지 못하였다는 점을 고려할 때 영남지역의 경우 17대 총선에서 유권자의 투표행태는 엄청난 변화를 보인 것이라고 평가할 수 있다. 영남지역의 경우 이와 같은 이념균열에 덧붙여 세대균열까지 발생함으로써 영남지역 내 동질성은 더더욱 크게 와해되고 있는 것으로 생각된다. 한편 호남지역의 경우에도 17대 총선에서 진보적 성향의 유권자들은 열린우리당 후보자에, 그리고 보수적 성향의 유권자들은 새천년민주당 후보자에 투표함으로써 역내 동질성이 16대 총선과 비교하여 매우 약화되고 있는 모습을 확인할 수 있었다.

16대 총선의 결과에서 잘 보이듯이 지역균열의 과잉으로 인하여 이념균열이 최소화되었던 때가 있었다(채장수 2003). 그러나 지역균열은 더 이상 과잉상태가 아니다. 지역균열은 흔들리고 있으며 지역균열이 밀려나고 있는 자리를 점차 이념과 세대의 균열이 채워가고 있다. 이 시점에서 지역균열이 완전히 이념과 세대의 균열로 대체될 것인지, 그리고 그렇게 된다면 어느 시점에서 그렇게 될 것인지 미리 예측하기는 힘들다. 왜냐하면 어떤 균열도 주도권을 쥐지 못한 상태에서 여러 균열들이 복합적이고 중층적으로 작용하는 선거상황이 상당히 오랜 기간 지속될 가능성도 높기 때문이다. 그러나 한 가지 분명한 점은 1987년 이후 민주 대 반민주의 균열을 대체하면서 등장한 호남 대 영남의 지역균열이 이제 서서히 쇠퇴의 길로 접어들고 있다는 것이다.

Ⅳ. 결론 및 함의

　지금까지 본 연구는 설문조사 자료를 토대로 지역·이념·세대별로 구분되어진 여러 집단들이 보수정당에 투표할 확률을 로지스틱 회귀분석을 통해 산출하여 민주화 이후 한국의 선거에서 가장 중요한 균열요인으로 간주되고 있는 지역균열이 이념과 세대 균열이 대두되는 상황 속에서 어떠한 변화의 양상을 보이고 있는지를 경험적으로 검증해보았다. 이를 통해 본 연구는 1987년 민주화 이후 한국의 선거를 지배해왔던 지역균열의 영향력이 17대 총선에서 현저히 줄어들고 있음을 확인할 수 있었다.

　구체적으로 본 연구는 기존 연구와 차별화된 경험적 분석을 수행하여 크게 다음의 세 가지 결과를 도출함으로써 17대 총선에서 나타난 지역균열의 변화를 목격할 수 있었다. 첫째, 16대 총선과 달리 17대 총선에서 이념과 세대의 변수는 유권자의 투표선택에 중요한 영향을 미친 것으로 나타났다. 16대 총선의 경우 이념의 변수는 유권자의 투표선택에 통계적으로 유의미한 영향을 미쳤지만 세대균열의 효과는 나타나지 않았다. 반면 17대 총선의 경우 이념과 세대의 변수 모두가 통계적으로 유의미한 수준에서 유권자의 투표선택에 영향을 미치는 것으로 나타났다. 둘째, 17대 총선의 경우 16대 총선과 비교하여 이념과 세대의 변수가 유권자의 투표선택에 미친 영향력의 강도에서도 차이를 보였다. 16대 총선의 경우 세대균열의 효과는 존재하지 않았으며, 이념균열의 효과도 지역균열의 영향으로 인하여-특히 영남과 호남 지역에서-실제로 강하게 나타나지 않았다. 반면 17대 총선의 경우 지역균열의 핵심 축을 구성하고 있는 지역에서도 이념(영남·호남)과 세대(영남)균열의 효과가 비교적 뚜렷하게 나타나는 특징을 보였다. 셋째, 영남과 호남 지역에서 나타난 이념과 세대 균열의 효과는 17대 총선에서 다소 차이를 보였지만 기본적으로 지역균열에 기반하여 구축된 기존의 역내 동질성을 크게 흔드는 결과를 초래하였다. 영남지역의 경우 이념과 세대 균열이 유권자들의 투표선택에 많은 영향을 미쳐 지역주의 투표행태에 큰 변화가 나타났다. 즉 젊고 진보적인 성향을 보인 영남지역 유권자들의 경우 지역균열에 영향을 받아 보수정당에 투표하는 행태를 적게 보임으로써 기존의 역내 동질성이 크게 흔들렸다. 호남지역의 경우 세대균열의 효과가 존재하지 않았다는 점에서 영남지역과 다소 차이를 보였지만 이념적 성향에 따라 유권자의 투표선택이 차이를 보이는 특징이 나타났다. 즉 호남지역의 경우 진보정당들이 경쟁하고 있는 관계로 스스로를 진보라고 생각하는 호남지역 유권자들은 상대적으로 보다 진보적이고 급진적인 열린우리당 후보자에, 그리고 보수라고 생각하는 호남지역 유권자들은 상대적으로 덜 진보적이고 온건한 새천년 민주당 후보자에 투표할 확률이 높았다. 그러므로 호남지역에서도 지역균열에 기반하여 구축된 기존의 역내 동질성은 이념균열의 효과로 인하여 크게 흔들리는 모습을 보였다.

전체적인 연구결과를 고려할 때 향후 한국의 선거에서 지역균열의 영향력은 지속적으로 감소하는 경향을 보일 가능성이 높다고 판단된다. 그리고 지역균열의 영향력이 약화되면서 생겨나게 되는 공간을 이념과 세대의 균열이 채워나갈 것으로 예상된다. 특히 보수적인 영남지역과 진보적인 호남지역의 대립구도가 외형적으로 아직 남아 있는 것은 사실이지만 이념과 세대 균열의 효과로 인하여 이 두 지역의 역내 동질성이 크게 흔들리고 있기 때문에 향후 실시될 선거에서 과거와 같은 지역주의의 고질적인 병폐는 상당 수준 개선될 것으로 전망된다. 현 시점에서 앞으로 이념과 세대의 균열이 지역균열을 완전히 대체할 것인지 아니면 지역, 이념, 세대의 균열이 복합적이고 중층적으로 작용하는 상황이 오랜 기간 동안 지속될 것인지의 여부를 판단하기는 쉽지 않다. 하지만 어떤 경우가 되더라도 향후 한국의 선거는 지역균열이 굳건히 자리 잡고 있던 과거와는 달리 매우 역동적이고 변화무쌍한 모습으로 거듭나게 될 것이며, 그 핵심에는 각 정당의 이념적 차별성에 따른 정책적 지향이 자리를 잡게 될 것이라는 점은 분명하다. 다만 지역균열

의 출현으로 인하여 심각한 지역갈등의 문제를 경험하였던 것처럼 새롭게
출현한 이념과 세대의 균열이 첨예한 이념적 갈등과 세대간 갈등을 양산하
여 정치적 대립과 반목을 이끌 수 있다는 점이 우려되기도 한다. 이념과 세
대의 문제는 가치, 신념, 정향, 태도 등과 같은 정치적으로 타협하고 합의하
기 어려운 측면들을 내재하고 있다는 점에서 과거 지역균열이 지배하던 시
기보다 더욱 첨예하고 갈등적인 정치상황이 정당정치와 선거정치 영역에서
전개될 가능성도 존재한다. 새롭게 대두되고 있는 이념과 세대의 균열이 첨
예한 이념적 갈등과 세대간 갈등으로 전개되는 것을 방지하기 위해서는 이
념과 세대의 균열을 당리당략적인 차원에서 이용하려는 행태를 지양하고,
대립과 갈등의 문제를 대화와 타협을 통하여 해결할 수 있는 정치문화의 토
대를 마련할 수 있는 정치적 리더십이 필요하다고 판단된다.

제5장

1인 2표 병립제의 도입과
유권자의 투표행태

I. 서 론

이 장에서는 17대 총선에서 새롭게 도입된 1인 2표제[1]에서 유권자들이 어떠한 투표행태를 보였는가를 경험적으로 분석하고 있다. 1인 2표제의 도입은 유권자들로 하여금 정당투표와 후보자투표에 대하여 일관투표(*straight vote*)를 할 것인지 아니면 분할투표(*ticket split vote*)를 할 것인지 선택할 수 있는 기회를 제공하였다. 그리고 이것은 거시적인 차원에서 선거결과에 영향을 미칠 수 있다는 점에서 중요한 정치적 의미를 갖게 되었다. 이에 본 연구에서는 17대 총선에서 유권자들의 일관투표와 분할투표 여부에 영향을 미친 요인들을 설문조사 자료를 토대로 한 로지스틱 회귀분석을 수행하여 경험적으로 밝히고 있다. 특히 본 연구는 1인 2표제에서 정당, 균열(지역), 쟁점(탄

---

1) 1인 2표제는 단순다수 소선거구제와 비례대표제를 병행하여 실시하는 선거제도로서 유권자들은 정당과 후보자에 각각 한 표씩을 투표할 수 있다. 1인 2표제는 국가별로 다양한 형태를 보이지만 일반적으로 의석배분 방식에 따라 크게 혼합형(*combined-dependent, compensatory*) 1인 2표제와 병립형(*combined-independent, parallel*) 1인 2표제로 양분된다 (자세한 개념정의와 유형분류는 Norris 2004, 55-60; Shugart and Wattenberg 2001, 9-24; Massicotte and Blais 1999를 참조). 독일과 뉴질랜드처럼 혼합형 1인 2표제를 채택하고 있는 국가에서는 정당투표를 기준으로 전체의석이 배분되기 때문에 상호 연동적이고 비례적인 특징을 보인다. 반면 한국과 일본처럼 병립형 1인 2표제를 채택하고 있는 국가에서는 정당투표와 후보자투표에 의하여 배분되는 의석이 각각 배정되어 있기 때문에 상호 독립적이고 다수결적인 특징을 보인다.

핵), 이념과 같은 유권자의 정치적인 선호를 결정지을 수 있는 준거들의 강도와 지지하는 정당의 후보자가 지역구선거에서 당선될 가능성이 있는지의 여부가 일관투표와 분할투표 여부를 결정짓는 중요한 요인이 될 수 있다는 관점에서 연구가설을 정립하여 경험적인 검증을 수행하고 있다.

민주화 이후 17대 총선이 실시되기 이전까지 한국의 국회의원 선거제도는 1인 1표에 기반을 둔 단순다수 소선거구제를 기본으로 하면서 전체의석의 일부를 전국구 비례대표 의석으로 배정하여 정당별 득표를 기준으로 할당하는 방식을 채택하고 있었다. 박정희 군사정부 시기였던 1962년 11월 제5차 헌법 개정을 통하여 도입된 전국구 비례대표제는 의석비율 및 의석배분 방식이 정권별로 다양한 차이를 보이면서 권위주의정부 시기에 사표 방지, 군소정당의 의회 진출, 전문가집단의 의회 충원 등과 같은 순기능적 역할보다는 정권 유지의 수단으로서의 역기능을 수행하여 비판과 개혁의 대상이 되기도 하였다(신명순 1994). 민주화 이후 김영삼 정권 시기에 실시된 15대 총선부터 정당의 득표율을 기준으로 전국구 비례대표 의석이 배분됨에 따라 전국구 비례대표 의석배분 방식에 대한 논란은 일단락되었지만 1인 1표제하에서 후보자투표를 정당투표로 의제(擬制)하여 전국구 비례대표 의석을 배분하는 것은 직접선거의 원칙에 위반되기 때문에 1인 2표제를 도입해야 된다는 주장이 1990년대 중반부터 학계와 시민단체를 중심으로 제기되었다(박찬욱 2004, 42). 그리고 2000년도에 들어서 청렴정치국민연합, 민주노동당창당준비위원회, 새천년민주당 소속 의원들이 연달아 헌법재판소에 1인 1표에 의거한 전국구 비례대표 의석 배분의 위헌성 여부에 대한 심판을 청구하였다. 이에 헌법재판소는 2001년 7월 19일 심리 결과 1인 1표제 방식으로 전국구 비례대표 의석을 배분하는 것은 직접선거, 평등선거, 자유선거의 민주주의 원리에 부합되지 않는다[2]고 지적하면서 위헌 판결을 내렸다. 그 결과

---

2) 1인 1표에 의거한 전국구 비례대표 의석 배정은 무소속을 지지하는 유권자들의 표가 인정되지 않는다는 점에서 평등선거의 민주주의 원칙에 위반된다. 또한 지지하는 정당의 후보자가 선거구에 출마하지 않은 경우와 지지하는 정당과 후보자가 다를

2002년 3월 7일 선거법 개정을 통하여 1인 2표제가 도입되었다.

　새로운 선거제도의 도입은 유권자의 투표행태와 선거참여, 그리고 정당체계의 변화 등과 같은 정치적 효과와 관련하여 학자들에게 다양한 연구거리와 논쟁점들을 제공한다(Moser and Scheiner 2004; Nishikawa 2004; Kostadinova 2002; Shugart 2001; Vowel 2000; Banducci et al. 1999; Karp and Banducci 1999; Seligmann 1997; Christensen 1996; Nagel 1994; 성장환 2004; 고선규 2002; 김영태 2002; 양기호 1997). 특히 새롭게 도입된 선거제도가 유권자들의 투표행태에 어떠한 영향을 미칠 것인가 하는 문제는 중요하게 부각된다. 왜냐하면 이러한 문제는 선거제도의 변화가 보다 나은 민의의 반영을 담보해내고 있는가 하는 원론적인 차원에서 뿐만 아니라 그러한 변화가 선거결과에 어떤 영향을 미치는가 하는 현실적인 차원에서도 중요한 의미를 갖고 있기 때문이다.

　특히 1인 2표제 도입이 유권자들의 투표행태에 미치는 영향과 관련하여 많은 학자들은 정당투표와 후보자투표에 있어 유권자들이 어떠한 요인들로부터 영향을 받아 일관투표를 하고 분할투표를 하는지를 경험적으로 분석하는 데 많은 관심을 보여왔다(Gschwend et al. 2003; Johnston and Patti 2002; Karp et al. 2002; Shugart and Wattenberg 2001; McAllister and White 2000; Reed 1999; Schoen 1999; Kohno 1997; Jesse 1988; 박찬욱 2004; 이현우 2004). 그 이유는 1인 2표제의 경우 1인 1표제와 달리 유권자들이 정당과 후보자에게 각각 투표할 수 있다는 점에서 일관투표를 하였는지 분할투표를 하였는지의 여부가 정치적 결과를 결정짓는 데 중요한 영향을 미칠 수 있기 때문이다(박찬욱 2004, 41). 구체적으로 1인 2표제에서 유권자들은 일관투표를 할 것인지 아니면 분할투표를 할 것인지를 선택할 수 있기 때문에 투표결정을 함에 있어 1인 1표제와는 다른 차원의 다양한 고려를 하게 되며, 이것이 유권자들의 투표행태에 변화를 초래할 수 있다는 점에서 미시적인 효

　경우 일방적인 선택을 강요하게 된다는 점에서 의사 형성의 자유를 제한하는 문제점도 있다(박찬욱 2004; 김재한 2002).

과를 발생시키게 된다. 그리고 이것은 각 정당이 의회에서 대표되는 의석의 비중 내지는 정당체계의 변화와 같은 거시적인 차원의 선거결과에 영향을 미칠 수 있다는 점에서 중요한 정치적 의미를 갖는다.

　한국에서 1인 2표제는 도입된 지 얼마 되지 않았기 때문에 지금까지 발표된 연구논문으로 이현우(2004)와 박찬욱(2004)의 논문 정도를 지적할 수 있을 만큼 아직까지 이에 대한 연구가 제대로 진행되고 있지 않다. 이현우의 연구는 17대 총선 직후 실시된 학술대회에서 집합자료를 토대로 1인 2표제에서의 일관투표와 분할투표의 문제를 다루었다는 점에서 분석방법의 적실성에도 불구하고 근본적으로 생태적 오류의 가능성을 내포하고 있다. 박찬욱의 연구는 유권자 설문조사 자료를 토대로 다양한 경험적 분석과 이론적 논의를 전개하고 있다는 점에서 이 분야의 중요한 연구업적이 될 수 있다고 판단된다. 하지만 두 연구 모두 연역적인 추론을 통하여 연구가설을 정립한 후 경험적인 검증을 수행하기보다는 경험적 분석을 먼저 수행한 후 다양한 관련 이론들을 동원하여 연구결과를 설명하고 있다는 점에서 일정 수준 한계점을 갖고 있다.[3] 또한 17대 총선에서 중요하게 대두되었던 탄핵 쟁점의 효과와 민주화 이후 한국의 선거에서 유권자들의 투표결정에 중요한 영향을 미친다고 지적되어온 지역주의의 효과를 고려하지 않았다는 점도 문제점으로 제기된다. 앞서 지적한 것처럼 선거제도의 효과를 고려할 때 1인 2표제에서 일관투표와 분할투표의 문제는 정치적으로 중요한 의미를 갖는다. 그러므로 향후 이 문제에 대한 다양한 이론적 논의와 경험적 분석이 요구된다.

---

3) 특히 유권자의 사회경제적 변수들이 일관투표와 분할투표 여부에 영향을 미친다는 연구결과에 대한 적실성 있는 이론 제시와 설명이 부족하다는 한계점을 갖고 있다.

Ⅱ. 이론적 논의와 연구가설의 정립

유권자들이 어떠한 준거를 가지고 투표결정을 하는가 하는 문제는 궁극적으로 정치적 결과를 결정짓는 데 중요한 영향을 미치기 때문에 선거를 연구하는 학자들에게 가장 중요한 연구주제 중 하나이다. 이에 학자들은 사회경제적 배경, 정당일체감, 정치적 쟁점, 이념적 입장 등과 같은 유권자의 선호를 결정짓는 데 영향을 미칠 것이라고 예상되는 다양한 준거들을 제시하여 유권자들의 투표행태를 분석하고 설명하여왔다(Aldrich *et al.* 1989; Page and Brody 1972; Kramer 1971; Campbell *et al.* 1960; Downs 1957; Berelson *et al.* 1954; Lazarsfeld *et al.* 1944). 하지만 다수결적인 선거제도를 채택하고 있는 국가에서 유권자들은 선거제도의 기계적·심리적 효과로 인하여 자신의 선호만을 기준으로 투표하기 힘들 수 있다는 주장(Duverger 1954)이 제기되면서 지지정당(후보자)의 당선가능성이 유권자들의 투표결정에 영향을 미친다는 주장이 설득력을 갖게 되었다. 그러므로 지금까지의 기존 연구들을 고려할 때 유권자들은 선거에서 기본적으로 자신의 선호에 따라 투표를 하려하지만 선거제도상의 제약 때문에 자신의 선호를 변경하는 전략적 투표행태(*tactical vote*)를 보일 수 있다고 개괄적으로 정리할 수 있다.

1인 2표제에서도 마찬가지로 유권자들은 기본적으로 자신의 선호대로 투표결정을 하려는 유인을 가질 것이다. 이때 1인 2표제에서 정당투표는 비례적인 방식으로 의석이 배분되는 특징을 보이기 때문에 유권자들은 자신의 선호에 따라 순수투표(*sincere vote*)를 할 가능성이 높다(Johnston and Patti 2002; Karp *et al.* 2002; Khono 1997; 박찬욱 2004). 그러나 1인 2표제에서 후보자투표의 경우 정당투표와 달리 다수결적인 방식으로 의석이 배분되는 관계로 유권자들은 자신의 선호뿐만 아니라 당선가능성을 고려하여 투표결정을 할 것으로 판단된다. 따라서 후보자투표를 통하여 유권자들의 일차적이고 직접적인 선호를 파악하는 데에는 일정 수준 한계가 있다고 볼 수 있다. 그러므로 1인 2표제에서 유권자들이 일관투표를 할 것인가 분할투표를 할 것인가의 문제는 결국 후보자투표에서 자신이 정당투표에서 지지한 정당의 후보자에게 투표를 할 것인가 아니면 다른 정당의 후보자에게 투표를 할 것인가의 문제로 집약될 수 있다.

물론 이와 같은 본 연구의 주장에 대하여 정반대의 입장에서 반론을 제기할 수도 있다고 판단된다. 즉 1인 2표제가 처음 시행된 상황에서 유권자들은 오히려 후보자투표에서 자신의 선호에 기반하여 순수투표를 하고, 정당투표는 자신의 선호가 아닌 다른 요인을 고려하여 투표결정을 하였을 가능성이 존재한다고도 볼 수 있다. 하지만 이때 1인 2표제에서 정당투표의 경우 의석 배분이 비례적으로 이루어지는 특성을 보이기 때문에 유권자들이 정당투표에서 전략적 투표행태를 보임으로써 자신의 선호와 다른 선택을 한다는 주장을 전개하기는 힘들다고 판단된다.

그러므로 이 경우 "유권자들이 전략적 투표행태를 보이는 것도 아닌데 왜 자신의 선호를 변경하여 정당투표를 하는가?"라는 질문에 대한 해답을 찾는 것이 문제의 핵심이다. 이 문제와 관련하여 유권자가 특정 거대정당-예를 들어 열린우리당-에 대하여 상대적으로 긍정적인 선호를 가지고 있기는 하지만 전반적으로 기존 거대정당들을 중심으로 진행된 정치적 행태와 현실에 대하여 불만을 가지고 있는 경우를 상정해볼 수 있다. 이 경우 유권자는 단순다수의 다수결적인 방식으로 당선자가 결정되는 후보자투표에서는 자신의 정당선호에 따라 투표결정을 하고, 비례적인 방식으로 의석이 배분되는 정당투표에서는 기존 정치권의 개혁과 변화에 대한 열망을 표현하기 위한 일종의 공민적 의무감이 발동하여 자신의 정당선호와는 다소 차이가 있지만 참신하고 개혁적인 성향의 군소정당-예를 들어 17대 총선에서 민주노동당-을 선택할 가능성이 존재한다.

이때 본 연구의 주제와 관련하여 이러한 주장이 일반적인 차원에서 타당성을 갖기 위해서는 최소한 다음의 두 조건들을 만족시켜야 한다고 판단된다. 첫째, 17대 총선에서 분할투표를 한 유권자들 중 민주노동당에 정당투표를 한 유권자들은 다른 정당에 정당투표를 한 유권자들과 비교하여 정치권에 대한 불만이 높아야 한다. 둘째, 17대 총선에서 분할투표를 한 유권자들 중 민주노동당에 정당투표를 한 유권자들의 민주노동당에 대한 선호도가 다른 정당-특히 열린우리당과 같이 유사한 이념성향을 갖고 있는 거대정당-에 대한 선호도보다 상대적으로 낮아야 한다. 왜냐하면 이 두 가지 조건을 만족하였을 경우에 유권자가 특정 정당을 선호하더라도 기존 정치권이 보여주었던 파행적·퇴행적 행태들에 대한 불만을 정당투표에서 자신의 정당선호와 다소 차이를 보이지만 정치권의 변화를 도모할 수 있는 개혁적 성향의 민주노동당을 지지함으로써 표출할 수 있다는 논리의 전개가 가능하기 때문이다.

　이에 본 연구는 구체적으로 17대 총선에서 이 두 조건들이 만족되고 있는지의 여부를 조사해보았다. 먼저 17대 총선에서 분할투표를 한 유권자들을 민주노동당에 정당투표를 한 유권자들과 그렇지 않은 유권자들로 분류하여 정치권에 대한 불만의 수준이 차이를 보이는지를 조사해본 결과 양 집단은 '민주정치에 대한 만족도,' '대통령 및 행정부처에 대한 만족도,' '국회에 대한 만족도,' '정당에 대한 만족도,' '정치인에 대한 만족도'의 측면에서 통계적으로 유의미한 차이를 보이지 않는 것으로 나타났다. 다음으로 17대 총선에서 분할투표를 한 유권자들 중 민주노동당에 정당투표를 한 유권자들의 정당선호도를 조사해본 결과 민주노동당에 대한 선호도(7.38)가 다른 정당들에 대한 선호도보다 높게 나타났다(열린우리당=5.73, 한나라당=3.01, 새천년민주당=2.45). 이것은 17대 총선의 정당투표에서 유권자들의 공민적 의무감이 중요하게 작용하였다고 간주하기 어렵다는 점과 민주노동당에 정당투표를 한 유권자들의 경우 그들의 정당선호가 중요한 결정요인으로 작용하였다는 점을 의미한다. 그리고 이것은 결국 본 연구의 이론적 주장과 대치되는 관점에서 제기할 수 있는 1인 2표제에서 유권자들이 후보자투표에서는 자신의 선호에 따라 순수투표를 하고, 정당투표에서는 자신의 선호와 다른 요인들을 고려하여 투표결정을 할 수 있다는 주장은 설득력이 떨어질 수 있다는 점을 시사한다.

앞서 전개한 본 연구의 이론적 관점을 고려할 때 1인 2표제에서 일관투표와 분할투표의 문제와 관련하여 구체적으로 다음의 세 가지 가능성이 존재할 수 있다고 판단된다. 첫 번째는 유권자가 정당투표의 선호를 그대로 후보자투표에서도 표명하면서 일관투표를 하는 것이다. 즉 유권자가 자신이 지지하는 정당이 후보자투표에서 당선될 가능성이 있는지의 여부와 상관없이-거대정당을 지지하는지 또는 군소정당 지지하는지의 여부와 상관없이-자신의 정당선호에 기반하여 후보자투표를 결정하는 경우이다. 두 번째는 유권자가 정당투표의 선호를 후보자투표에서도 그대로 표명하고 싶지만 자신이 지지하는 후보자가 당선될 가능성이 적기 때문에 당선가능성이 높은 다른 정당의 후보자를 전략적으로 선택하면서 분할투표를 하는 것이다. 이 같은 분할투표는 다수결적인 방식으로 의석이 배분되는 후보자투표에서 당선가능성이 낮은 군소정당을 지지하는 유권자들에게 많이 나타날 수 있다. 세 번째는 유권자의 정당에 대한 선호와 후보자에 대한 선호가 각각 달라 일관투표와 분할투표의 결과가 복잡 다양하게 나타날 수 있는 경우를 생각해볼 수 있다.

이때 유권자의 정당에 대한 선호와 후보자에 대한 선호는 상호 독립적으로 존재하기보다는 상호 복합적인 작용을 하면서 중첩되어 있는 특징을 보인다(Marcuse and Converse 1979; Page and Jones 1979)는 점에서 유권자들이 세 번째와 같은 투표행태를 보일 가능성은 극히 낮은 것이 사실이다. 그러므로 1인 2표제에서 일관투표와 분할투표의 문제는 유권자들이 서로 다른 방식으로 의석이 배분되는 정당투표와 후보자투표에서 자신의 선호를 일관되게 유지하면서 투표할 것인가 아니면 다수결적인 방식으로 의석이 배분되는 후보자투표에서는 당선가능성을 고려하여 정당투표와는 다른 투표결정을 할 것인가에 주된 초점이 맞추어진다고 볼 수 있다.

  그렇다면 도대체 유권자들은 1인 2표제에서 어떠한 선호를 어떻게 가질
때 정당투표와 후보자투표에서 자신의 선호를 일관되게 유지하게 되는가 하
는 의문이 제기된다. 앞서 설명한 바 있듯이 유권자의 선호는 사회경제적
배경, 정당일체감, 정치적 쟁점, 이념적 입장 등과 같은 다양한 요인들에 의
하여 결정된다. 그리고 각각의 요인들에 대하여 유권자들이 가지고 있는 선
호의 강도는 유권자별로 차이를 보일 수 있다. 이때 라비노위츠와 맥도날드
(Rabinowitz and Macdonald 1989)의 방향성이론을 고려할 때 1인 2표제에서
유권자들은 정치적 선호를 결정하는 주요 요인들에 대하여 강한 자기 선호
내지는 입장을 가지고 있을 때 일관투표를 할 가능성이 높다는 추론이 가능
하다.[4]

  이 문제와 관련하여 첫째, 유권자의 정당선호도가 일관투표와 분할투표의
여부에 영향을 미칠 수 있다. 1인 2표제를 대상으로 정당투표와 후보자투표
간에 존재하는 일관투표와 분할투표를 다룬 것은 아니지만 일찍이 캠벨과 밀
러(Campbell and Miller 1957)는 미국의 각급 선거들에서 나타난 유권자들의
일관투표와 분할투표의 문제를 경험적으로 분석하면서 정당일체감이 일관투
표와 분할투표 여부를 결정하는 가장 중요한 요인이라고 지적하였다. 그리고
이후에 진행된 후속연구들(Beck et al. 1992; Stanley and Neimi 1991)에서도
캠벨과 밀러의 주장은 상당한 설득력을 갖는 것으로 밝혀졌다. 합리적 선택
이론의 관점에서 생각해보면 유권자는 자신이 지지하는 정당이 의회에서 보

---

  4) 정치적 선호를 결정하는 주요한 요인들에 대한 유권자들의 강한 자기 선호 또는 입
    장이 의미하는 바와 관련하여 다음의 한 가지 점은 짚고 넘어갈 필요가 있다고 판
    단된다. 보통 정당선호도가 유권자의 투표결정에 미치는 영향을 분석할 경우 주로
    특정 정당에 대한 유권자의 긍정적인 선호가 실제 투표결정에 어떻게 영향을 미쳤
    는가를 분석하게 된다. 하지만 엄밀히 말하여 특정의 선호는 긍정적인 측면뿐만 아
    니라 부정적인 측면도 포함하는 개념이다(황아란 1998). 즉 정당선호도가 유권자의
    투표결정에 미치는 영향은 특정 정당에 대한 유권자의 긍정적인 선호와 부정적인
    선호를 동시에 고려한 상태에서 그 강도를 파악하여 분석할 때 적실성을 가질 수
    있다. 본 연구에서는 이러한 측면을 고려하여 특정 선호에 대한 입장이 긍정적이거
    나 부정적인 수준에서 강하게 나타날 때 1인 2표제에서 유권자들은 일관투표를 할
    가능성이 높다는 관점에서 연구가설을 정립하고 경험적 분석을 수행하고 있다.

다 많은 의석을 확보할 때 최대의 효용을 가질 수 있기 때문에 1인 2표제에 서도 특정 정당에 대한 긍정적·부정적 선호가 강한 유권자들의 경우 그렇지 않은 유권자들과 비교하여 일관투표를 할 가능성이 높다.

- *연구가설 1: "1인 2표제에서 특정 정당에 대한 긍정적·부정적 선호가 강한 유권자일수록 일관투표를 할 가능성이 높다."*

둘째, 유권자의 사회경제적 배경과 관련하여 특정 균열(cleavage)의 존재 여 부가 일관투표와 분할투표의 여부에 영향을 미칠 수 있다. 균열은 공동체의 구 성원들을 정치적으로 분리시키는 중요한 기준으로 작용하기 때문에 궁극적으 로 유권자의 투표선택에 영향을 미치고, 정당체계의 정렬과 안정성을 확보하는 데 기여한다(Rae and Taylor 1970; Lipset and Rokkan 1967; Schattschneider 1960). 즉 선거정치에서 종교, 인종, 언어, 지역, 문화 등의 다양한 균열들은 유 권자의 투표선택에 중요한 영향을 미치면서 결과적으로 정당체계를 동결시키 는 효과를 발생시킨다. 이때 특정 균열이 유권자의 투표결정에 중요한 영향을 미치는 요인으로 작용할수록 1인 2표제에서 유권자는 일관투표를 할 가능성이 높다.

- *연구가설 2: "1인 2표제에서 특정 균열이 유권자의 투표결정에 중요한 영향을 미칠수록 유권자는 일관투표를 할 가능성이 높다."*

셋째, 유권자의 이념적 입장의 강도도 1인 2표제에서 일관투표와 분할투표 의 여부에 영향을 미칠 수 있다. 이념은 정당의 득표수단이자 존립근거로서 정당과 유권자들 사이를 연결시켜주는 고리의 기능을 담당한다(Ware 1996, 17). 유권자들은 복잡하고 다양한 성격을 보이는 정당의 정책이나 정치적 쟁 점들에 대하여 정보 취득과 분석의 비용을 감수하면서 그 이해의 득실을 산 출하기보다는 자신의 이념적 정향에 근거하여 정당의 정책이나 정치적 쟁점들을 평가하여 자신의 이념적 정향과 가장 근접한 정당이나 후보자에게 투표할 가능성이 높다(Downs 1957). 이때 그것이 좌파든 우파든 또는 보수든 진보든 상관없이 확고한 이념적 입장을 갖고 있는 유권자들의 경우 중도적인 이념적 입장을 갖고 있는 유권자들과 비교하여 1인 2표제에서 일관투표를 할 가능성이 높다.

- 연구가설 3: "1인 2표제에서 확고한 이념적 입장을 갖고 있는 유권자일수록 일관투표를 할 가능성이 높다."

넷째, 정치적 쟁점에 대한 유권자의 선호가 일관투표와 분할투표의 여부에 영향을 미칠 가능성도 존재한다. 정당일체감과 같은 정당에 대한 유권자의 선호가 장기적인 차원에서 안정적으로 유권자의 투표결정에 영향을 미친다면 정치적 쟁점에 대한 유권자의 선호는 단기적인 차원에서 선거결과의 변화를 이끄는 요인으로 작용할 수 있다. 즉 선거에서 첨예한 갈등을 촉진시킬 수 있는 특정 정치적 쟁점이 불거져 나와 유권자들을 동요시킬 경우 그 정치적 쟁점에 대한 유권자의 선호 강도는 일관투표와 분할투표의 여부를 결정하는 데 영향을 미칠 수 있다. 왜냐하면 특정 정치적 쟁점에 대하여 유권자들의 입장이 찬성과 반대로 첨예하게 양분된다면 입장의 차이보다는 그 입장에 대한 강도가 일관투표와 분할투표 여부를 결정하는 데 중요한 영향을 미칠 수 있기 때문이다. 예를 들어 특정 정치적 쟁점에 대하여 강하게 찬성 또는 강하게 반대의 입장을 보이는 유권자들은 대체로 찬성 또는 대체로 반대의 입장을 보이는 유권자들과 비교하여 일관투표를 할 가능성이 높다.

- 연구가설 4: "1인 2표제에서 특정 정치적 쟁점에 대한 선호의 강도가 강한 유권자일수록 일관투표를 할 가능성이 높다."

지금까지의 연구가설들은 유권자들이 자신의 선호에 기반하여 투표결정을 한다는 점을 전제로 하여 정립한 것이다. 하지만 앞서 지적한 바 있듯이 유권자들은 선거제도의 효과를 고려하여 투표결정을 하는 행태를 보이기도 한다. 즉 다수결적인 방식으로 의석이 배분되는 선거제도에서 군소정당을 지지하는 유권자들은 자신의 표가 사표가 되는 것을 방지하기 위하여 당선가능성을 고려한 전략적 투표를 하게 된다(Ordeshook and Zeng 1997; Abramson *et al.* 1995; Lanoue and Bowler 1992; Cain 1978; Riker and Ordeshook 1968; 조성대 2000; 김재한·경제희 1998; 안순철 1996). 그리고 이것은 군소정당을 지지하는 유권자들과 비교하여 거대정당을 지지하는 유권자들이 1인 2표제에서 상대적으로 일관투표를 할 가능성이 높다는 것을 의미한다.

- *연구가설 5: "1인 2표제에서 거대정당을 지지하는 유권자일수록 일관투표를 할 가능성이 높다."*

마지막으로 지적하고 넘어갈 필요가 있는 부분은 전략적 투표에 있어서 이념적 거리의 문제이다. 군소정당을 지지하는 유권자들의 경우 1인 2표제의 후보자 투표에서 당선가능성뿐만 아니라 이념적 거리를 고려하여 전략적 투표를 할 가능성이 높다. 즉 연립정부의 구성에 있어서도 정당의 의석수뿐만 아니라 정당들 간의 이념적 거리가 중요한 것처럼(de Swann 1973; Axelord 1970; Leiserson 1968) 1인 2표제에서 진보적인 군소정당을 지지하는 유권자가 후보자투표에서 전략적 투표를 하겠다고 결정하였을 경우 자신의 정당 선호와 가장 근접한 이념적 성향을 보이는 진보적인 거대정당에게 투표를 할 가능성이 높다(Karp *et al.* 2002; Schoen 1999). 왜냐하면 합리적 유권자의 경우 이익(만족)을 극대화-진보적 군소정당 후보의 당선-시키지 못하는 상황에서는 비용(후회)을 최소화-보수적 거대정당 후보자의 당선 방지-하려는 경향을 보이기 때문이다(Ferejohn and Fiorina 1974).

- 연구가설 6: "1인 2표제에서 군소정당을 지지하는 유권자들의 경우 후보
  자투표에서 자신이 지지하는 정당과 이념적으로 가장 근접
  한 거대정당의 후보자에게 분할투표를 할 가능성이 높다."

Ⅲ. 연구모델과 결과 분석

본 연구는 유권자들이 17대 총선에서 처음으로 실시된 1인 2표제에서 어
떤 요인들로부터 영향을 받아 일관투표와 분할투표를 하였는지를 경험적으
로 분석하기 위하여 로지스틱 회귀분석을 수행하고 있다. 앞서 정립한 연구
가설들을 고려하여 본 연구에서 채택하고 있는 구체적인 로지스틱 회귀분석
모델은 다음과 같다.

모델. $V_1 = a + \beta_1 *$ 한나라당 선호도 $+ \beta_2 *$ 한나라당 선호도$^2 + \beta_3 *$ 새천년민주
당 선호도 $+ \beta_4 *$ 새천년민주당 선호도$^2 + \beta_5 *$ 열린우리당 선호도 $+$
$\beta_6 *$ 열린우리당 선호도$^2 + \beta_7 *$ 민주노동당 선호도 $+ \beta_8 *$ 민주노동당
선호도$^2 + \beta_9 *$ 강원 $+ \beta_{10} *$ 충청 $+ \beta_{11} *$ 호남 $+ \beta_{12} *$ 영남 $+ \beta_{13} *$ 이념 $+$
$\beta_{14} *$ 이념$^2 + \beta_{15} *$ 탄핵 $+ \varepsilon$

먼저 종속변수인 V_1은 가변수로서 유권자의 일관투표 여부를 의미한다.
유권자가 일관투표를 하였을 경우에는 1로, 그리고 분할투표를 하였을 경우
에는 0으로 조작화하였다. 다음으로 독립변수와 관련하여 첫째, 정당선호도
는 각 정당에 대한 호오를 측정한 설문들을 사용하였다. 정당선호도와 관련
한 β_1부터 β_8까지의 변수들은 개별 정당에 대한 유권자의 호오를 '매우 싫어

한다' 0점에서 '아주 좋아한다' 10점까지 11점 척도로 측정되어 있다. 자유
민주연합(n=14), 국민통합21(n=1), 기타정당(n=8)의 경우에는 모델의 간결
성(*parsimony*)을 추구하는 동시에 연구사례가 극히 적었다는 점에서 결측값
으로 처리하여 분석대상에서 제외시켰다. 앞서 이론적 논의를 전개하는 과
정에서 지적한 바 있지만 유권자의 정당선호도와 일관투표와의 관계는 비선
형적으로 규정되어진다. 즉 1인 2표제에서 특정 정당을 매우 좋아하거나 매
우 싫어하는 유권자의 경우 그 정당에 대하여 중립적인 태도를 지닌 유권자
보다 일관투표를 할 가능성이 높아진다. 이러한 비선형적 관계를 모델에 반
영하기 위하여 본 연구는 정당선호도에 대한 2차의 다항식을 사용하였다.
예를 들어 한나라당을 매우 싫어하거나 매우 좋아하는 유권자일수록 일관투
표를 할 확률이 올라간다면 위 모델에서 회귀계수 β_1은 음(-)의 값을, 그리
고 회귀계수 β_2는 양(+)의 값을 갖게 될 것이다.[5] 둘째, β_9부터 β_{12}까지 지역
균열과 관련한 변수들은 민주화 이후 한국의 선거에서 지역균열이 유권자의
투표결정에 가장 중요한 영향을 미치는 요인으로 간주된다(양재인 2001; 이
남영 1999; 1998; 최한수 1995; 박찬욱 1993)는 점을 고려하여 모델에 포함
시켰다. 구체적으로 강원, 충청, 호남, 영남의 지역변수들은 응답자가 그 지
역에 거주하면 1로, 그렇지 않으면 0으로 조작하였다. 이 지역변수들은 지역
균열의 영향력을 측정하기 위한 가변수로서 서울·경기지역이 기준변수로
설정되어 있다. 셋째, 이념변수는 유권자의 이념성향을 묻는 설문을 통하여
얻어진 것으로 '아주 진보적' 0점에서 '아주 보수적' 10점 사이에 응답한 수
치를 사용하였다. 유권자의 이념성향도 정당선호도와 마찬가지로 일관투표와
비선형적인 관계를 형성하고 있는 것으로 판단된다. 즉 진보적이든 보수적
이든 이념적 성향이 강한 유권자일수록 진보정당이나 보수정당에 일관투표
를 할 가능성이 높은 반면 이념적으로 중도적인 성향을 보이는 유권자는 특
정 정당에 일관투표를 할 가능성이 낮을 것이다. 만약 진보적이거나 보수적

---

5) 다항회귀모형에 대한 자세한 논의는 구자라티(Gujarati 1995, 217-221)의 저서를 참
   조하시오.

인 성향이 강한 유권자일수록 일관투표를 할 가능성이 높아진다면 위 모델에서 회귀계수 β_{13}은 음의 값을, 그리고 β_{14}는 양의 값을 갖게 될 것이다. 넷째, 탄핵의 변수는 17대 총선에서 노무현 대통령 탄핵 쟁점이 유권자들의 투표선택에 중요한 영향을 미쳤다는 주장들(윤종빈 2005; 강원택 2004; 조성대 2004)을 고려하여 모델에 포함시켰다. 앞서 연구가설을 정립할 때 논의하였던 것처럼 노무현 대통령 탄핵안 가결에 대하여 매우 강도 높은 의견을 표명한 유권자들의 경우 그 입장의 차이와 관계없이 약한 강도의 의견을 표명한 유권자들과 비교하여 일관투표를 할 가능성이 높았을 것으로 예상된다. 그러므로 탄핵의 변수는 노무현 대통령 탄핵안 가결에 대하여 '매우 찬성'하거나 '매우 반대'하는 경우 1로, '대체로 찬성'하거나 '대체로 반대'하는 경우는 0으로 측정하였다.

　이밖에 앞서 유권자의 전략적 투표행태와 관련하여 정립한 연구가설들은 본 연구에서 채택하고 있는 연구모델로 추후 설명이 가능하다는 관점에서 별도의 변수를 설정하지 않았다. 즉 유권자가 지지하는 정당이 거대정당인가 군소정당인가의 여부는 본 연구에서 주요 정당들에 대한 호오를 측정한 자료를 사용하고 있다는 관점에서 추가적인 변수를 설정할 필요가 없다고 판단된다. 16대 국회를 기준으로 볼 때 민주노동당의 경우 원내 의석을 확보하지 못하고 있었다는 점에서 군소정당으로 분류할 수 있다. 그리고 한나라당은 원내 제1당이었다는 점에서, 새천년민주당의 경우 2003년 11월 11일 열린우리당 창당으로 분열되었지만 새천년민주당과 열린우리당 모두 여당의 성격을 갖고 있었고 상당한 의석을 보유한 원내 교섭단체였다는 점에서 거대정당으로 분류할 수 있다. 그리고 각 정당의 이념적 입장은 '아주 진보적' 0점에서 '아주 보수적' 10점 사이에 유권자들이 응답한 수치의 평균을 고려할 때 한나라당(7.3) → 새천년민주당(6.3) → 열린우리당(3.7) → 민주노동당(3.2)의 순으로 진보적인 성향을 보이는 것으로 평가할 수 있다. 그러므로 본 연구에서 정립한 연구가설들을 고려할 때 유권자의 전략적 투표가 일관투표와 분할투표의 여부에 어떠한 영향을 미쳤는가의 문제와 관련하여 관심을 끄는 부분은 군소정당인 민주노동당을 지지한 유권자들이 후보자투표에서 거대정당이며 이념적 거리가 가까운 열린우리당 후보자에게 분할투표를 하였는가에 있다고 볼 수 있다.

다음의 <표 5-1>은 앞서 제시한 연구모델을 토대로 17대 총선에서 유권자들의 일관투표 여부에 대한 로지스틱 회귀분석을 수행한 결과를 나타낸 것이다. 모델의 카이자승 값은 모델의 적합도 측면에서 본 연구의 모델이 큰 문제가 없음을 보여주고 있다. 그리고 모델의 적중률은 거의 80%에 달하고 있다. 회귀계수의 통계적 유의미성과 승산비(*odds ratio*)를 중심으로 연구결과를 정리하자면 다음과 같다.

〈표 5-1〉 유권자들의 일관투표에 대한 로지스틱 회귀분석 결과

독립변수	회귀계수 (표준오차)	유의확률	Exp(β)
절 편	2.710(0.629)***	0.000	15.034
한나라당 선호도	-0.244(0.123)**	0.046	0.783
한나라당 선호도^2	0.033(0.014)**	0.020	1.034
새천년민주당 선호도	0.147(0.126)	0.243	1.158
새천년민주당 선호도^2	-0.010(0.014)	0.490	0.990
열린우리당 선호도	-0.786(0.182)***	0.000	0.456
열린우리당 선호도^2	0.074(0.016)***	0.000	1.077
민주노동당 선호도	0.051(0.163)	0.755	1.052
민주노동당 선호도^2	-0.025(0.014)*	0.081	0.975
강 원	0.006(0.488)	0.989	1.006
충 청	0.629(0.403)	0.119	1.876
호 남	-0.587(0.288)**	0.042	0.556
영 남	0.029(0.243)	0.905	1.030
이 념	0.241(0.131)*	0.065	1.272
이 념^2	-0.019(0.014)	0.184	0.981
탄 핵	0.569(0.228)**	0.013	1.766

독립변수	회귀계수 (표준오차)	유의확률	Exp(β)
-2로그우도	693.879		
카이자승	98.813(유의확률＝0.000)		
사례수	863		
적중률	79.8%		

*: p<0.1, **: p<0.05, ***: p<0.01

첫째, 유권자의 정당선호도가 일관투표 여부에 미친 영향을 살펴보면 먼저 한나라당과 열린우리당에 대한 선호도는 통계적으로 유의미한 수준에서 유권자들의 일관투표 여부에 영향을 미치는 것으로 나타났다. 구체적으로 *한나라당 선호도*와 *한나라당 선호도^2* 변수의 회귀계수는 -0.244와 0.033으로, 그리고 *열린우리당 선호도*와 *열린우리당 선호도^2* 변수의 회귀계수는 -0.786과 0.074로 나타났는데, 이것은 17대 총선에서 한나라당과 열린우리당을 매우 싫어하거나 좋아하는 유권자일수록 일관투표를 할 가능성이 높다는 것을 의미한다. 이 연구결과는 결국 양대 정당에 대한 호오의 강도가 강한 유권자일수록 일관투표를 할 확률이 높은 반면, 양대 정당에 대하여 호오의 강도가 약하고 중도적인 입장을 견지하는 유권자들은 분할투표를 할 확률이 높다는 점을 경험적으로 입증하고 있는 것이라 하겠다.

다음으로 새천년민주당에 대한 선호도는 통계적으로 유의미한 수준에서 유권자들의 일관투표 여부에 영향을 미치지 못하는 것으로 나타났다. 이것은 민주화 이후 전통적인 진보정당으로서 확고한 정당의 정체성을 유지하였던 새천년민주당이 이념적 선명성을 강조한 열린우리당이 창당되고 민주노동당이 성장함에 따라 기존 진보세력의 지지를 유지하는 데 한계를 보였다는 점을 시사한다. 더욱이 지역적·이념적으로 대립축을 구축하였던 한나라당과 공조하여 노무현 대통령 탄핵안 가결을 추진함에 따라 새천년민주당을 전통적으로 지지하였던 세력들이 17대 총선에서 그 행태를 비판하면서 등을

돌렸을 가능성도 배제할 수 없다고 판단된다. 또한 17대 총선에서 선거과정
이 열린우리당의 독주와 한나라당의 추격의 양상으로 진행됨에 따라 새천년
민주당을 지지하였던 유권자들의 상당수가 후보자투표에서 자신의 표가 사
표가 될 것을 우려하여 전략적으로 투표하였을 가능성이 상대적으로 높았다
는 점도 암시한다.[6]

　마지막으로 민주노동당에 대한 선호도가 유권자의 일관투표 여부에 미친
영향은 다른 정당들의 선호도와 비교하여 매우 다른 모습을 보이고 있는 것
으로 나타났다. 구체적으로 *민주노동당 선호도* 변수는 유권자의 일관투표
여부에 통계적으로 유의미한 영향을 미치지 못하였다. 반면 *민주노동당 선
호도*^{2} 변수는 유권자들의 일관투표 여부에 통계적으로 유의미한 영향을 미
치며 양자는 음의 관계를 형성하고 있는 것으로 나타났다. 이것은 17대 총
선에서 민주노동당에 대한 선호도와 유권자의 일관투표 여부는 음의 선형관
계를 형성하고 있었다[7]는 것을 의미한다. 즉 17대 총선에서 민주노동당을
좋아하는 유권자일수록 일관투표 대신 분할투표를 할 확률이 높았다는 것을
의미한다. 이러한 연구결과가 나타난 이유는 민주노동당의 후보자들이 지역
구선거에서 출마하지 않은 경우가 많았고 당선될 가능성도 희박하였던 상황
속에서 민주노동당을 지지하는 유권자들이 사표방지와 이념적으로 근접한
열린우리당과의 연합을 고려하여 전략적으로 표를 분할하는 투표행태를 보
였기 때문이다.[8]

---

6) 실제로 유권자 설문조사 결과를 토대로 살펴볼 때 정당투표에서 새천년민주당에게
　투표한 유권자들 중 25.3%가 후보자투표에서 열린우리당(18.3%)과 한나라당(7.0%)
　에 투표한 것으로 나타났다.
7) 위의 모델에서 *민주노동당 선호도*^{2}를 빼고 로지스틱 회귀분석을 하게 되는 경우 *민
　주노동당 선호도* 변수는 통계적으로 유의미하게 되며 일관투표 여부와 음의 관계를
　형성하는 것으로 나타났다. 이때 다른 변수들의 회귀계수도 통계적 유의미성과 회귀
　계수의 부호의 측면에서 <표 5-1>의 결과와 거의 비슷하게 나타났다.
8) 유권자 설문조사 결과 민주노동당에 정당투표를 한 유권자들의 단 29.2%만이 후보
　자투표에서 민주노동당 후보자에게 일관투표를 한 것으로 나타났다. 반면 민주노동
　당에 정당투표를 한 유권자들의 43.1%는 후보자투표에서 열린우리당 후보자에게 분
　할투표를 한 것으로 나타났다.

지금까지 1인 2표제에서 유권자의 정당선호도와 일관투표 여부와의 관계를 종합해보면 양대 정당에 대하여 강한 호오를 가지고 있는 유권자들의 경우 자신의 선호를 기준으로 일관투표를 할 가능성이 높다는 점이 인정된다. 반면 선거과정의 주도권을 상실한 주요 정당이나 군소정당에 대하여 강한 호오를 가지고 있는 유권자들의 경우 후보자투표에서 전략적인 고려를 하게 되기 때문에 일관투표를 할 가능성이 떨어지거나 분할투표를 할 가능성이 높다고 평가된다. 특히 군소정당을 지지하는 유권자들은 후보자투표에서 이념적 거리를 고려하여 전략적인 분할투표를 할 가능성이 높다고 판단된다. 이러한 연구결과를 고려할 때 앞서 정립한 연구가설 1은 일정 부분 그 타당성을 인정할 수 있으며, 연구가설 5와 6은 상당히 높은 수준에서 그 타당성을 인정할 수 있다.

둘째, 지역균열이 유권자의 일관투표에 미친 영향을 살펴보면 지역변수들 중 *호남*을 제외한 다른 변수들은 유권자들의 일관투표 여부에 모두 통계적으로 유의미한 영향을 미치지 않는 것으로 나타났다.[9] 구체적으로 다른 변수들의 영향을 통제하였을 때 호남지역의 유권자들이 서울·경기지역의 유권자들과 비교하여 일관투표를 할 승산은 0.556으로 나타났는데, 이것은 호남지역의 유권자들이 서울·경기지역의 유권자들보다 일관투표를 할 가능성이 거의 절반 수준 정도로 낮았다는 점을 의미한다.[10]

이러한 연구결과는 17대 총선 당시 호남지역의 유권자들이 처해 있었던 특이한 선거상황과 밀접한 관계가 있다고 판단된다. 17대 총선에서 호남지역의 유권자들은 전통적인 호남의 지역정당인 새천년민주당과 그 지역에 있어서 새로운 정치세력으로 등장하였던 열린우리당이라는 두 가지 강력한 선

---

9) 이러한 연구결과는 민주화 이후 한국의 선거에서 유권자의 투표결정에 결정적인 영향력을 행사하였던 지역균열이 17대 총선을 기점으로 일정 수준 변화의 조짐을 보였다는 점을 시사한다. 이에 대한 세부적인 논의는 제4장의 "이념·세대 균열의 부상과 지역균열의 변화"를 참조하시오.

10) 유권자 설문조사 결과 호남지역 유권자들이 일관투표를 한 비율과 분할투표를 한 비율은 각각 70.1%와 29.9%로 전체평균인 79.2%와 20.8%와 비교하여 상당한 차이를 보였다.

택의 메뉴를 놓고 고민해야 하는 상황에 직면하게 되었다. 즉 과거부터 지속적으로 지지하여왔던 새천년민주당과 여당이면서 자신들의 이해를 대변하며 17대 총선에서 승리할 가능성이 높아 보이는 열린우리당 사이에서 호남지역의 유권자들은 다른 지역의 유권자들과 비교하여 어떤 식으로 투표할 것인지 전략적으로 많은 고민을 할 수밖에 없는 상황에 놓여 있었다. 만약 17대 총선에서 1인 2표제가 도입되지 않았다면 호남지역의 유권자들은 노무현 대통령을 탄핵시키기 위하여 이념적·지역적으로 적대적인 관계를 형성하여왔던 한나라당과 공조한 새천년민주당에 대한 실망과 처벌이라는 관점에서, 그리고 사표방지를 위한 전략적 투표차원에서 새천년민주당을 선호한다 할지라도 열린우리당 후보자에게 표를 던졌을 가능성이 높다. 그러나 정당투표와 후보자투표를 나누어 할 수 있게 된 1인 2표제하에서 호남지역의 유권자들은 자신들의 표를 분할하여 던짐으로써 자신들이 처한 딜레마를 해결하려는 모습을 보였던 것으로 평가된다.[11] 결국 새천년민주당과 열린우리당이라는 어느 한 쪽도 쉽게 저버리기 힘든 선택적 대안의 존재가 호남지역 유권자들이 다른 지역의 유권자들과 비교하여 분할투표를 많이 한 이유라고 판단된다.

이 연구결과를 가지고 앞서 정립한 연구가설 2의 타당성을 평가하기는 다소 미흡한 측면이 있다. 왜냐하면 지역균열은 다양한 균열들 중 하나에 불과하며, 이 지역균열이 17대 총선을 기점으로 변화의 조짐을 보였던 것도 사실이기 때문이다. 다만 첨예한 정치적 쟁점의 등장, 새로운 정당의 출현, 선거과정에서의 주도권 상실 등과 같은 정치적 상황의 변화가 기존 지역균열의 변화를 초래하여 1인 2표제에서 유권자의 일관투표와 분할투표 여부에 영향을 미칠 수 있다는 점이 인정된다. 즉 17대 총선의 선거상황이 기존의

---

11) 실제로 유권자 설문조사 결과 호남지역에서 분할투표를 한 유권자들(32명)의 40.6%(13명)는 새천년민주당과 열린우리당에 분할투표를 한 유권자들이었다. 그리고 이것은 분할투표를 한 전체유권자들의 12.4%가 새천년민주당과 열린우리당에 분할투표를 하였다는 결과와 비교하여 큰 차이를 보이는 것이었다.

지역균열의 강도를 약화시킬 수 있는 방향으로 전개되었다는 점에서 유권자
의 일관투표 여부에 별 영향을 미치지 못하였고 호남과 같은 특수한 선거상
황에 직면하였던 지역에서는 오히려 분할투표가 촉진되는 결과가 나타났다
고 볼 수 있다.

셋째, 유권자의 이념적 입장의 강도가 일관투표 여부에 미친 영향을 살펴
보면 *이념*의 변수는 유권자의 일관투표 여부에 통계적으로 유의미한 영향을
미치는 것으로 나타난 반면 *이념*²의 변수는 유권자의 일관투표 여부에 통계
적으로 유의미한 영향을 미치지 못하는 것으로 나타났다. 이것은 유권자의
이념적 성향도 앞서 민주노동당에 대한 선호도와 마찬가지로 일관투표 여부
와 선형적인 관계를 형성하고 있다는 것을 의미한다.[12] 즉 *이념*의 변수는
유권자의 일관투표 여부와 양의 관계를 형성하고 있는 것으로 나타났는데,
이는 다른 변수들의 영향을 상수로 두었을 때 17대 총선에서 유권자의 이념
적 성향이 보수로 갈수록 일관투표를 할 가능성이 높았고 진보로 갈수록 분
할투표를 할 가능성이 높았다는 것을 의미한다.

이러한 결과는 보수 진영에 속한 유권자들에게는 한나라당 이외에 대안이
될 만한 다른 보수정당이 존재하지 않았던 반면 진보 진영에 속한 유권자들
에게는 민주노동당과 열린우리당이라는 대안적 선택대상이 존재하였기 때문
에 나타났다고 보인다. 즉 한나라당에 국한된 선택메뉴에서 보수주의자들은
구조적으로 일관투표를 할 가능성이 높았던 반면 복수의 선택메뉴를 지니고
있었던 진보주의자들에게는 자신의 선호와 전략적인 고려를 통하여 분할투
표를 할 가능성이 높았다고 판단된다. 그러므로 앞서 정립한 연구가설 3의
경우 일정 수준 제한적인 수준에서 설명력을 가질 수 있다고 판단된다. 즉
1인 2표제에서 유권자의 이념적 입장의 강도가 일관투표 여부에 영향을 미
치는 것은 사실이지만 정당체계의 구성이 어떠한 특성을 보이는가에 따라

---

12) *민주노동당 선호도*의 경우와 마찬가지로 *이념*²을 빼고 분석한 결과도 변수들의 통계
적 유의미성과 회귀계수의 부호의 측면에서 <표 5-1>의 결과와 거의 비슷하게 나타
났다.

그 양상이 다양하게 전개될 수 있다는 점이 인정된다.

넷째, 정치적 쟁점이 유권자의 일관투표 여부에 미친 영향을 살펴보면 17대 총선에서 최대의 정치적 쟁점으로 부각되었던 노무현 대통령 탄핵의 쟁점은 유권자들이 일관투표와 분할투표 여부를 결정하는 데 중요한 영향을 미친 것으로 나타났다. 다른 변수들의 영향을 통제하였을 때 노무현 대통령 탄핵에 대하여 매우 강한 찬성 또는 반대의 의견을 표명한 유권자들이 일관투표를 할 승산이 대체로 찬성 또는 반대의 의견을 표명한 유권자들이 일관투표를 할 승산보다 1.766배 높았다. 이것은 노무현 대통령 탄핵에 대한 찬반의 입장과 상관없이 그 쟁점에 대하여 매우 강한 의견을 가지고 있는 유권자들은 17대 총선에서 탄핵을 주도한 정당에 대한 보상과 처벌이라는 차원에서 특정 정당에게 정당투표와 후보자투표를 모두 던질 가능성이 높았다는 것을 의미한다. 그러므로 앞서 정립한 연구가설 4는 상당한 설득력을 가질 수 있다고 판단된다.

Ⅳ. 결론 및 함의

지금까지 본 연구는 17대 총선에서 새롭게 도입된 1인 2표제에서 유권자들이 어떠한 요인들로부터 영향을 받아 일관투표와 분할투표 여부를 결정하였는가를 설문조사 자료를 토대로 한 로지스틱 회귀분석을 수행하여 경험적으로 분석하였다. 이를 통해 본 연구는 다음의 네 가지 결과를 도출할 수 있었다.

첫째, 유권자의 정치적 선호를 결정짓는 다양한 준거들의 강도가 1인 2표제에서 유권자들의 일관투표와 분할투표 여부에 영향을 미칠 수 있는 것으로 나타났다. 물론 연구결과 일정 수준 제한된 차원에서 설명력을 가질 수 있다는 점은 인정되지만 양대 정당에 대하여 강한 호오를 갖고 있는 유권자들의 경우, 그리고 첨예한 정치적 쟁점에 대하여 강한 입장을 표명하고 있는 유권자들의 경우 1인 2표제에서 일괄투표를 할 가능성이 높다는 점이 분명하게 밝혀졌다.

둘째, 유권자가 지지하는 정당의 속성이 1인 2표제에서 유권자들의 일관투표와 분할투표 여부를 결정짓는 데 중요한 영향을 미칠 수 있는 것으로 판단된다. 유권자의 정당선호도와 일관투표 여부의 관계를 고려할 때 거대정당-특히 양대 정당-을 지지하는 유권자들은 자신의 선호를 유지하면서 일관투표를 할 가능성이 높고, 군소정당을 지지하는 유권자들은 자신의 표가 사표가 되는 것을 방지하기 위하여 후보자투표에서 자신의 선호를 변경하여 전략적으로 분할투표를 할 가능성이 높다고 보인다. 그리고 이러한 결과는 정당투표는 비례적인 방식으로, 그리고 후보자투표는 다수결적인 방식으로 의석이 배분되는 1인 2표제의 독특한 특징과 밀접한 관계가 있다고 사료된다.

셋째, 군소정당을 지지하는 유권자들의 경우 1인 2표제에서 이념적 거리를 고려하여 후보자투표에서 전략적인 분할투표를 하는 경향을 보였다. 즉 1인 2표제에서 진보적인 군소정당(민주노동당)을 지지하는 유권자들은 후보자투표에서 자신이 지지하는 정당과 이념적으로 가까운 위치에 있는 진보적인 거대정당(열린우리당)의 후보자에게 분할투표를 하는 경향을 보였다.

넷째, 1인 2표제에서 유권자의 정치적 선호의 강도가 일관투표 여부에 미치는 영향은 정당체계의 특성, 그리고 정치상황의 변화 및 선거과정의 전개양상 등과 같은 요인들에 의하여 달라질 수 있다는 점을 목격할 수 있었다. 17대 총선의 경우 열린우리당 창당으로 인한 전통적 진보 진영의 분열과 진보적 성향의 민주노동당에 대한 유권자들의 지지 확대로 진보세력을 지지하는 유권자들의 경우 상대적으로 다양한 선택이 가능하였다는 점에서 분할투표를 많이 하는 경향을 보였다. 또한 노무현 대통령 탄핵안 가결 쟁점의 대두와 지역균열의 변화와 같은 정치상황이 전개되면서 새천년민주당은 선거과정에서 주도권을 상실하게 되었고, 그 결과 전통적인 지지 세력인 호남지역 유권자들로부터도 일관투표의 유인을 제공하지 못하고 원내 교섭단체를 구성하는 데 실패하는 모습을 보이기도 하였다.

이 같은 연구결과는 결국 많은 유권자들이 17대 총선에서 새롭게 도입되었던 1인 2표제에서 무작위적으로 일관투표를 하거나 분할투표를 한 것은 아니라는 점을 의미하고 있다. 즉 17대 총선에서 유권자는 자신의 정당선호도, 지역적 고려, 이념적 성향, 탄핵 쟁점에 대한 입장 등을 다각적으로 고려하여 일관투표의 여부를 결정하였던 것으로 평가할 수 있다. 유권자 설문조사 결과 17대 총선에서 일관투표를 한 유권자들의 비율이 79.2%였다는 점에서 대다수의 유권자들은 자신의 정당 지지 선호를 후보자투표에서도 유지하면서 전략적 투표보다는 순수투표를 하는 경향을 보였다고 평가할 수 있다. 하지만 1인 2표제에서 유권자들이 얼마나 일관투표를 하고 분할투표를 하였는가의 문제는 첨예한 정치적 경쟁이 진행되는 상황 속에서 중요한 정치적 결과의 차이를 초래할 수도 있는 것이 사실이다. 탄핵 정국이라는 특수한 선거상황에서 17대 총선이 진행되었다는 점에서 양대 정당을 중심으로 유권자들의 표가 집결되는 양극화 현상이 나타났지만 향후 전개될 총선에서는 좀더 유연한 정치상황이 전개될 가능성이 높다고 판단된다. 이때 1인 2표제에서 거대정당들은 군소정당을 지지하는 유권자들을 후보자투표에서 어떻게 흡수할 것인지의 문제가, 그리고 군소정당들은 이념적으로 근접한 거대정당과 어떠한 정책적·이념적 경쟁을 벌여 정당투표에서 유권자들의 지지를 확보하고 확대할 것인지의 문제가 가장 큰 현안으로 대두될 것으로 예상된다. 즉 1인 2표제는 각 정당들로 하여금 자신이 소속한 진영의 내외에서 첨예하게 경쟁을 하도록 촉진시킬 수 있는 효과를 발생시킬 수 있기 때문에 1인 1표제에서는 표출되지 않았던 다양한 정책적·이념적 경쟁과 대립이 출현할 가능성이 높다. 그리고 이처럼 정치적인 이해관계가 첨예하게 대립되는 정치상황 속에서 어떻게 발전적인 방향으로 상호 이해관계를 조정하고 타협하여 나아가는가의 문제는 향후 한국정치가 당면하게 될 가장 중요한 정치적 과제가 될 것으로 판단된다.

제 6 장
정당투표 결정요인

I. 서 론

이 장에서는 17대 총선에서 새롭게 도입된 1인 2표제하에서 유권자들이 정당투표의 지지정당을 결정함에 있어 어떠한 요인들의 영향을 받았는가를 경험적으로 분석하고 있다. 한국에서 17대 총선부터 새롭게 도입된 1인 2표제는 무엇보다도 정당투표에 대한 분석을 통하여 한국의 유권자들이 어떠한 요인들로부터 영향을 받아 지지정당을 결정하게 되는가의 문제를 비교적 명확하게 파악할 수 있는 기회를 제공하였다는 점에서 중요한 의미를 가질 수 있다.

한국은 17대 총선이 실시되기 이전까지 유권자가 후보자에게 한 표를 행사하는 1인 1표제를 채택하고 있었다. 이러한 관계로 이 시기 유권자들의 지지정당 결정요인을 분석하기 위해서는 후보자투표의 결과를 정당투표의 결과로 의제(擬制)할 수밖에 없는 한계를 가지고 있었다.[1] 뿐만 아니라 이 시기 1인 1표제는 단순다수 소선거구제에 기초하여 의석 배분이 다수결적인 방식으로 진행되었던 관계로 유권자가 자신의 표가 사표(死票)가 되는 것을 우려하여 후보자의 당선가능성을 고려한 전략적 투표행태(*tactical voting*)를 보일 수 있다는 점에서도 유권자의 진정한 선호에 기반을 둔 지지정당 결정

---

1) 1인 1표제에서 다양한 후보자 요인들을 적실성 있게 통제하지 않은 상태에서 후보자투표의 결과를 정당투표의 결과로 의제하여 정당에 대한 유권자들의 태도와 지지 등을 분석하는 것은 분명한 한계점을 내포하고 있다(황아란 2002).

요인을 분석하는 데 어려움이 있었다.

하지만 17대 총선의 경우 1인 2표제가 도입됨으로써 유권자들은 정당과 후보자에 각각 투표할 수 있는 기회를 제공받게 되었다. 그리고 비례적인 방식으로 의석이 배분되는 정당투표의 경우 유권자들은 당선가능성에 대한 전략적 고려에서 벗어나 상대적으로 자유로운 입장에서 지지정당에 대한 직접적인 선호를 표명하는 순수투표(sincere vote)를 할 수 있는 기회도 갖게 되었다. 다시 말해 17대 총선에서 1인 2표제의 도입은 후보자에 대한 투표를 정당에 대한 투표로 의제하지 않고, 단순다수 소선거구제에서 발생하는 제도적 효과와 심리적 효과의 문제에서 벗어나 유권자들이 지지정당을 결정하는 데 어떠한 요인들이 직접적으로 영향을 미치는가를 분석할 수 있는 기회를 제공하게 되었다.

그러나 한국의 경우 1인 2표제가 도입된 지 얼마 되지 않아 이에 대한 이론적·경험적 연구가 아직까지 제대로 진행되지 못하고 있다. 이에 본 연구는 17대 총선에 대한 설문조사 자료를 토대로 1인 2표제 정당투표에서 유권자의 지지정당 선택에 어떠한 요인들이 영향을 미쳤는가를 다항 로지스틱 회귀분석(Multinominal Logistic Analysis)을 수행하여 경험적으로 밝히고 있다. 특히 본 연구는 17대 총선에서 유권자들의 투표선택에 중요한 영향을 미친 것으로 간주된 지역균열, 세대, 이념, 탄핵 쟁점에 초점을 맞추어 정당투표에서 이 요인들이 유권자의 지지정당 결정에 어떠한 영향을 미쳤는가를 구체적으로 살펴보고 있다.[2]

---

2) 본 연구에서 유권자의 사회경제적 배경이 지지정당 결정에 미친 영향을 살펴보고 있지 않은 이유는 분석 모델의 간결성(parsimony)을 도모하기 위한 목적도 있지만 유권자의 성별, 교육, 소득 수준 등이 지지정당 결정에 어떠한 영향을 미칠 수 있는가에 대한 연역적 논의와 적실성 있는 설명이 어렵다는 점을 고려하였기 때문이다.

II. 이론적 논의:
1인 2표제의 정당투표와 유권자의 순수투표 행태

　대의민주주의에서 선거는 정기적으로 국민들의 의사를 파악하여 대표기구
를 구성하는 핵심기제로 작용한다. 즉 대의민주주의에서 선거는 다수 국민
들의 정치적 선호가 반영되는 정통성을 갖춘 대표기구를 구성하도록 하는
기능을 수행하게 된다. 하지만 실제 선거에서 이 원리가 그대로 적용되는
것만은 아니다. 대통령선거에서 과반수 이하의 득표를 받은 후보자가 당선
되기도 하고, 총선에서 상당수의 득표를 획득한 정당이 의회의 의석을 확보
하는 데 실패하기도 한다.

　이처럼 선거에서 국민들의 의사가 왜곡되어 나타나는 이유는 선거제도와
관련이 있다. 즉 비례적인 선거제도를 채택하고 있는가 아니면 다수결적인
선거제도를 채택하고 있는가에 따라 국민들의 의사가 정치적으로 반영되는
양상은 차이를 보일 수 있다(Farrell 1997, 1-11). 그리고 이러한 이유로 선거
제도의 변화에 따른 정치적 효과를 분석하는 연구는 학자들에게 중요한 관
심의 대상이 된다. 특히 선거제도의 변화가 유권자의 투표행태에 미치는 영
향에 대한 연구는 선거제도의 변화와 정치적 결과간의 관계를 실질적으로
규명할 수 있다는 점에서 중요하게 부각된다.

　그렇다면 1인 1표제에서 1인 2표제로의 선거제도 변화가 한국의 유권자
들이 지지정당 결정하는 데 있어 어떠한 영향을 미쳤다고 볼 수 있는가 하
는 의문이 제기된다. 우선적으로 지적할 필요가 있는 점은 1인 2표제의 도
입으로 인하여 유권자가 후보자에 대한 선호와 정당에 대한 선호를 놓고 고
민할 필요가 없게 되었다는 사실이다. 한국의 경우 전통적으로 인물을 중시
하는 유교적 사회문화와 정당들의 빈번한 출현과 소멸, 그리고 이합집산에
기인한 낮은 제도화 수준으로 인하여 선거에서 정당 준거만큼이나 인물 준

거가 유권자들의 투표결정에 중요한 영향을 미치는 것으로 평가되었다(이중천 1995; 신명순 1984). 그러므로 과거 1인 1표제하에서 유권자가 지지하는 후보자와 정당이 서로 다를 경우 어떠한 준거를 토대로 최종 투표결정을 내릴 것인가에 대하여 고민을 할 수밖에 없었다.

하지만 1인 2표제가 도입되어 후보자투표와 정당투표가 병행 실시됨에 따라 후보자에 대한 선호와 정당에 대한 선호가 다른 유권자들의 경우 각각의 표를 분할하여 투표(ticket split voting)함으로써 문제를 해결할 수 있는 길이 열리게 되었다. 즉 1인 2표제의 도입으로 인하여 과거 1인 1표제하에서 유권자의 후보자에 대한 투표를 정당에 대한 투표로 의제하여 지지정당 결정요인을 분석하였던 문제에서 벗어나 정당투표의 결과를 토대로 후보자 요인의 영향력을 일정 수준 통제하면서 유권자들의 지지정당 결정요인을 직접적으로 분석할 수 있게 되었다.

유권자의 순수투표 행태는 1인 2표제의 도입에 따른 유권자의 투표행태의 변화와 관련하여 언급할 필요가 있는 또 다른 중요한 사항으로 판단된다. 기본적으로 유권자들은 자신의 정치적 선호를 기준으로 투표결정을 하게 된다. 그리고 유권자들의 정치적 선호는 사회경제적 배경, 정당일체감, 정치적 쟁점, 이념적 입장 등과 같은 다양한 준거들을 토대로 형성되게 된다(Aldrich et al. 1989; Page and Brody 1972; Kramer 1971; Campbell et al. 1960; Downs 1957; Berelson et al. 1954; Lazarsfeld et al. 1944). 그러나 어떠한 선거제도를 채택하고 있는가에 따라서 유권자들은 투표결정에 있어서 자신의 정치적 선호를 직접적으로 표명할 수도 있고 그렇지 못할 수도 있다. 왜냐하면 다수결적인 선거제도를 채택하고 있는 국가에서 합리적 유권자는 선거제도의 제도적·심리적 효과로 인하여 자신의 선호만을 기준으로 투표하기 힘들 수 있기 때문이다(Duverger 1954).

〈표 6-1〉 1인 2표제 선거유형과 유권자의 투표행태

선거유형 지지정당	후보자투표 (다수결적 의석 배분)	정당투표 (비례적 의석 배분)
거대정당	순수투표 ↑	순수투표 ↑
군소정당	전략적 투표 ↑	순수투표 ↑

구체적으로 위의 <표 6-1>에서 보는 것처럼 1인 2표제의 경우 후보자투표
는 다수결적인 방식으로, 그리고 정당투표는 비례적인 방식으로 의석이 배분
되는 특징을 보인다. 이때 당선가능성이 높은 거대정당의 후보자를 지지하는
유권자는 자신의 선호를 그대로 반영하여 순수투표를 할 가능성이 높다. 그러
나 당선가능성이 낮은 군소정당의 후보자를 지지하는 유권자는 선거결정 시점
에 자신의 선호에 따라 그 후보자를 선택할 것인지 아니면 당선가능성을 고려
하여 차선의 거대정당 후보자를 선택할 것인지를 놓고 고민할 수밖에 없는 상
황에 직면하게 된다. 왜냐하면 합리적인 유권자는 다수결적인 방식으로 의석
이 배분되는 후보자투표에서 당선가능성이 낮은 군소정당 후보자에게 투표할
경우 자신의 표가 사표가 된다는 것을 인식하게 되기 때문이다. 그러므로 거
대정당을 지지하는 유권자들과 달리 군소정당을 지지하는 유권자들의 경우 후
보자투표에서 당선가능성을 고려, 자신의 선호를 변경하여 전략적으로 투표하
는 행태를 보일 가능성이 높다(Ordeshook and Zeng 1997; Blais and Nadeau
1996; Lanoue and Bowler 1992; Cain 1978; Riker and Ordeshook 1968; 조성
대 2000; 1999; 안순철 1996).[3] 요약하자면 후보자투표의 결과를 토대로 유권
자의 지지정당 결정요인을 분석하고자 하는 시도는 크게 다음과 같은 두 가지
문제에 직면한다고 볼 수 있다. 첫째, 후보자투표를 정당투표로 의제하여 분석
하기 때문에 분석의 정확도가 떨어진다. 둘째, 선거제도의 효과에 따른 유권자

---

3) 이와 같은 유권자들의 전략적 투표행태로 인하여 단순다수 소선거구제를 채택하고
있는 국가들의 경우 거대정당을 중심으로 양당제의 정당체계가 구축될 가능성이 높
다(Duverger 1954). 그리고 1인 2표제에서도 후보자투표의 경우 정당투표와 달리
거대 양당을 중심으로 유권자들의 표가 집결될 가능성이 높다.

의 전략적 선택의 문제를 적절하게 통제하지 못하는 상황 속에서 유권자의 정치적 선호를 파악하고 설명하는 데 많은 어려움이 있다(Schoen 1999).

반면 1인 2표제 정당투표의 경우 유권자는 자신이 지지하는 정당이 거대정당인지 아니면 군소정당인지의 여부와 상관없이 자신의 선호를 그대로 유지하면서 순수투표를 할 가능성이 높다(Johnston and Patti 2002; Karp *et al.* 2002; Khono 1997). 왜냐하면 정당투표의 의석 배분은 비례적인 방식으로 이루어지기 때문에 유권자가 자신의 표가 사표가 될 것을 우려하여 전략적으로 선호를 변경하는 투표행태를 보이기보다는 진실한 정당지지 선호를 비교적 정확하게 표명할 가능성이 높기 때문이다. 실질적으로 비례적인 선거제도를 채택하고 있는 국가들의 경우 다수결적인 선거제도를 채택하고 있는 국가들과 비교하여 군소정당들이 의회에 진출하기가 상대적으로 용이하기 때문에 정당유효수(*effective number of parties*)가 큰 특징을 보이게 되는데 (Lijphart 1994; Taagepera and Shugart 1989), 이것은 각각의 선거제도하에서 유권자들이 얼마나 순수투표를 하는가의 여부와 관련이 있다고 볼 수 있다.

그렇다면 17대 총선에서 유권자들은 어떠한 요인들에 영향을 받아 정당투표에서 지지정당을 결정하였을까? 이 문제와 관련하여 우선적으로 짚고 넘어갈 필요가 있는 것이 지역균열이다. 균열(*cleavage*)은 구성원들을 정치적으로 분리시키는 중요한 기준으로 작용하기 때문에 궁극적으로 유권자의 투표선택에 영향을 미치고, 정당체계의 정렬과 안정성을 확보하는 데 기여한다(Rae and Taylor 1970; Lipset and Rokkan 1967; Schattschneider 1960). 균열은 여러 가지가 있을 수 있지만 민주화 이후 한국의 선거결과를 결정해왔던 균열은 바로 지역균열이라 할 수 있다. 민주화 이후 한국에서 유권자의 투표선택과 정당체계의 변화·발전은 지역균열의 축을 중심으로 움직여왔다는 평가들이 많았다(양재인 2001; 이남영 1999; 1998; 최한수 1995; 박찬욱 1993). 그러므로 17대 총선에서 지역균열이 유권자들의 정당투표 결정에 어떠한 영향을 미쳤는가를 살펴볼 필요가 있다.

두 번째로 유권자가 정당투표에서 지지정당을 결정함에 있어 이념이 어떠한 영향을 미쳤는가를 파악할 필요가 있다. 이념은 정당의 득표수단이자 존립근거로서 정당과 유권자들 사이를 연결시켜주는 고리의 기능을 담당한다 (Ware 1996, 17). 유권자들은 복잡하고 다양한 성격을 보이는 정당의 정책이나 정치적 쟁점들에 대하여 정보 취득과 분석의 비용을 감수하면서 그 이해의 득실을 산출하기보다는 자신의 이념적 정향에 근거하여 정당의 정책이나 정치적 쟁점들을 평가한 후 자신의 이념적 정향과 가장 근접한 정당이나 후보자에게 투표할 가능성이 높다(Downs 1957). 민주화 이후 한국의 선거에서 이념의 중요성은 지속적으로 제기되어왔다(강원택 2003; 2002a; 1998; 김재한 1999; 강명세 1996; 이숙종 1996; 이정복 1992). 그러나 특히 17대 총선의 경우 이념적 선명성을 기치로 내세운 열린우리당이 창당되고 이념적 요인이 선거의 중요한 아젠다로 등장함에 따라 기존의 지역균열이 이념적 요인으로 인하여 변화의 조짐을 보이고 있다고 평가될 만큼 과거 그 어느 때보다 이념의 중요성이 중요하게 대두되었다. 또한 1인 2표제 도입으로 민주노동당이 진보적인 성향의 유권자들을 정당투표에서 상당 수준 흡수하여 17대 국회에서 원내정당으로서의 위상을 갖출 수 있을 것이라는 예상도 높았다. 그러므로 17대 총선에서 유권자들의 이념적 입장이 정당투표의 지지정당을 결정하는 데 어떠한 영향을 미쳤는가를 살펴보는 작업은 의미가 있다.

세 번째로 17대 총선에서 세대의 요인이 정당투표의 지지정당을 결정하는 데 어떠한 영향을 미쳤는가를 고찰해볼 필요가 있다. 정치적인 의미에서 세대(generation)는 특정 연령집단(age cohort)이 주로 성년기에 동일한 역사적 경험을 하고, 그러한 역사적 경험에 기초하여 전후 연령집단과 뚜렷이 구별될 수 있는 정치관을 가질 때 이를 지칭하는 개념으로 사용하게 된다(Rintala 1968, 92-96). 한국의 경우 냉전과 남북 분단, 한국전쟁, 권위주의 정권의 개발국가 경제모델, 민주화 운동 등을 역사적으로 경험하면서 독특한 정치관을 갖는 세대들이 형성되게 되었다. 그리고 이러한 세대간의 차이가 민주화 이후 한국의 선거에서 유권자의 투표행태에 중요한 영향을 미치는 것으로 주장되었다(강원택 2003; 2002b; 정진민·황아란 1999; 정진민 1994; 1992). 특히

2002년 대통령선거에서 386민주화 세대가 주축세력으로 부상하였던 상황 속에서 노무현 후보자가 젊은 유권자들의 전폭적인 지지를 받아 대통령으로 당선됨에 따라 한국의 선거에서 세대효과의 중요성은 더욱 대두되었다. 그러므로 17대 총선에서 유권자들이 정당투표를 결정하는 데 있어 세대의 요인이 어떻게 작용하였는가를 분석할 필요가 있다.

마지막으로 선거가 진행되었던 시기에 제기되었던 주요 정치적 쟁점이 유권자들의 지지정당 결정에 어떠한 영향을 미쳤는가를 살펴볼 필요가 있다. 정치적 쟁점에 대한 유권자의 선호는 단기적인 차원에서 선거결과의 변화를 이끄는 중요한 요인으로 작용할 수 있다. 즉 선거에서 첨예한 갈등을 촉진시킬 수 있는 특정 정치적 쟁점이 불거져 나와 유권자들을 동요시킬 경우 그 정치적 쟁점에 대한 유권자의 입장은 지지정당을 결정짓는 데 영향을 미칠 수 있다. 특히 17대 총선의 경우 노무현 대통령에 대한 탄핵안이 의회에서 가결된 직후에 실시되었기 때문에 대통령 탄핵 쟁점이 선거과정의 핵심적인 쟁점으로 부각됨에 따라 유권자들의 투표결정에 중요한 영향을 미쳤을 가능성이 높았다(윤종빈 2005; 강원택 2004; 조성대 2004). 그러므로 노무현 대통령 탄핵 문제에 대한 유권자들의 입장이 정당투표의 지지정당을 결정하는 데 어떠한 영향을 미쳤는가를 분석할 필요가 있다.

Ⅲ. 연구모델과 결과 분석

본 연구는 17대 총선에서 유권자들이 어떠한 요인들로부터 영향을 받아 정당투표에서 지지정당을 결정하였는가를 경험적으로 분석하기 위하여 다음과 같은 다항 로지스틱 회귀분석 모델을 채택하고 있다.

$$ln\{P(\,범주\ i)\,/\,P(\,범주\ J)\} = a+\beta_1{}^*\,호남+\beta_2{}^*\,영남+\beta_3{}^*\,충청+\beta_4{}^*\,강원+\beta_5{}^*\,이념+\beta_6{}^*\,세대+\beta_7{}^*\,탄핵+\varepsilon$$

다항 로지스틱 회귀분석은 종속변수가 이산형(discrete)이고 명목적(nominal)·비순서적(unordered)인 특징을 보이며, 그 범주가 세 개 이상인 경우에 사용된다. 명목척도로 측정된 종속변수의 범주가 두 개(예를 들어 1인 2표제에서 일관투표와 분할투표 여부)인 경우 이분형 로지스틱 회귀분석 모델을 사용하게 되는데, 이 경우 유권자가 일관투표를 할 가능성을 분할투표를 할 가능성과 비교하는 분석을 시도하게 된다. 그러나 다항 로지스틱 회귀분석 모델은 세 개 이상의 범주를 지닌 종속변수(예를 들어 A, B, 그리고 C)가 존재할 때 하나의 기준범주를 정하여(예를 들어 $J=C$) 그 기준범주가 발생할 가능성과 나머지 범주들($i=A\ \&\ B$)이 발생할 가능성을 각각 비교하는 분석을 수행하게 된다.[4]

실질적으로 17대 총선의 정당투표에서 유권자들은 지지정당을 결정함에 있어 여러 가지의 선택적 대안이 존재하였다. 그러나 본 연구에서는 유권자들이 정당투표에서 한나라당, 새천년민주당, 열린우리당, 민주노동당을 선택한 경우에만 분석의 초점을 맞추고자 한다. 즉 본 연구에서 채택하고 있는 다항 로지스틱 회귀분석 모델의 종속변수 범주(i)는 한나라당, 새천년민주당, 열린우리당, 그리고 민주노동당으로 제한되어 있다. 그 이유는 설문조사 결과 유권자들이 정당투표에서 자민련(n=14), 국민통합21(n=1), 기타정당(n=8)에 투표한 사례의 수가 극히 적었기 때문이다.

다음으로 조작화 문제와 관련하여 첫째, 지역균열 변수의 경우 충청, 호남, 강원, 영남의 지역변수들을 설정하여 응답자가 그 지역에 거주하면 1로, 그렇지 않으면 0으로 조작하였다.[5] 이 지역균열 변수들은 17대 총선에서 유

---

4) 다항 로지스틱 회귀분석 모델에 대한 보다 자세한 논의는 리아오(Liao 1994)와 김순귀 외(2003)를 참조하시오.
5) 본 연구에서 사용하고 있는 설문조사 자료의 경우 유권자의 원적지에 대한 설문은

권자들이 정당투표의 지지정당을 결정하는 데 지역주의의 영향을 얼마나 받았는가를 측정하기 위한 가변수로서 서울·경기지역이 기준변수로 설정되어 있다. 둘째, 이념의 변수는 유권자들에게 자신의 이념성향을 묻는 설문을 사용하여 조작하였으며, 구체적으로 '아주 진보적' 0점에서 '아주 보수적' 10점 사이에 응답한 수치를 사용하였다. 셋째, 세대의 변수는 응답자의 연령을 기준으로 20대=1, 30대=2, 40대=3, 그리고 50대 이상=4로 코딩하였다. 넷째, 탄핵 쟁점의 변수는 국회의 노무현 대통령 탄핵안 가결에 대한 찬반 여부를 묻는 질문을 사용하였으며, 구체적으로 '매우 찬성'=1, '대체로 찬성'=2, '대체로 반대'=3 '매우 반대'=4로 코딩하였다.

다음의 <표 6-2>는 앞서 설명한 변수들이 17대 총선 정당투표에서 유권자들의 지지정당 결정에 어떠한 영향을 미쳤는가를 분석하기 위하여 다항로지스틱 회귀분석을 수행한 결과를 나타낸 것이다. 우선적으로 카이자승의 유의확률에서 알 수 있듯이 본 연구의 모델이 절편항만을 포함한 모델보다 우월하다고 결론지을 수 있으며, 적합도 측면에서도 별다른 문제가 존재하지 않는다고 할 수 있다.

포함되어 있지 않았다. 그러므로 거주지를 질문한 설문을 토대로 지역주의의 영향력을 측정하고 있다. 실질적으로 거주지를 기준으로 한 실제 선거결과(정당 득표율)가 지역별로 큰 차이-특히 호남지역과 영남지역-를 보이는 것이 현실이기 때문에 이와 같은 방식으로 지역주의의 영향력을 파악하는 것이 큰 문제가 되지는 않는다고 사료된다.

〈표 6-2〉17대 총선에 나타난 유권자들의 정당투표 행태 분석 결과

	독립변수	회귀계수	Exp(B)
한나라당 대 열린우리당	절 편	2.23***(0.57)	
	호 남	-3.48***(1.06)	0.031
	영 남	0.44*(0.24)	1.552
	이 념	0.35***(0.05)	1.42
	세 대	0.25**(0.10)	1.286
	탄핵 쟁점	-1.66***(0.14)	0.190
새천년민주당 대 열린우리당	절 편	1.14(0.79)	
	호 남	0.73**(0.35)	2.064
	영 남	-1.79***(0.62)	0.167
	이 념	0.09(0.07)	1.094
	세 대	0.18(0.14)	1.196
	탄핵 쟁점	-1.12***(0.19)	0.327
민주노동당 대 열린우리당	절 편	1.01(0.64)	
	호 남	-0.24(0.33)	0.788
	영 남	0.25(0.25)	1.283
	이 념	-0.12**(0.05)	0.883
	세 대	-0.09(0.1)	0.910
	탄핵 쟁점	-0.44***(0.15)	0.645
한나라당 대 새천년민주당	절 편	1.09(0.80)	
	호 남	-4.21***(1.06)	0.015
	영 남	2.23***(0.62)	9.295
	이 념	0.26***(0.08)	1.298
	세 대	0.07(0.16)	1.076
	탄핵 쟁점	-0.54***(0.19)	0.581
민주노동당 대 새천년민주당	절 편	-0.13(0.88)	
	호 남	-0.96**(0.43)	0.381
	영 남	2.04***(0.65)	7.686
	이 념	-0.22***(0.08)	0.807
	세 대	-0.27*(0.16)	0.761
	탄핵 쟁점	0.68***(0.21)	1.975

	독립변수	회귀계수	Exp(B)
한나라당 대 민주노동당	절 편	1.22*(0.69)	
	호 남	-3.24***(1.09)	0.039
	영 남	0.19(0.29)	1.209
	이 념	0.48***(0.06)	1.609
	세 대	0.35***(0.13)	1.414
	탄핵 쟁점	-1.22***(0.17)	0.294
사례수(N)		873	
-2로그우도		982.474	
카이자승		552.503 (유의확률=0.000)	

1. 각 행에서 뒤에 적힌 정당이 분석에 있어서 기준범주가 된다. 예를 들어 첫 번째 행에서 한나라당 대 민주노동당의 경우 민주노동당을 기준정당으로 놓고 결과를 분석한 것이다.
2. 강원과 충청의 지역변수는 모든 경우에서 통계적으로 유의미한 결과가 나오지 않아 표의 간결성을 위하여 이 표에서 생략되어 있다.
3. *: $p < 0.1$, **: $p < 0.05$, ***: $p < 0.01$

좀더 구체적으로 연구결과를 살펴보면 먼저 정당투표에서 지역균열이 유권자들의 지지정당 결정에 미친 영향은 크게 다음과 같은 네 가지의 특징을 보이는 것으로 나타났다. 첫째, 한나라당이 선택대안 중 하나일 때 호남지역의 유권자들은 상대정당(열린우리당, 새천년민주당, 민주노동당)에 투표할 확률이 매우 높게 나타났다. 반면 새천년민주당이 선택대안에 포함되었을 때 영남지역의 유권자들도 상대정당(한나라당, 열린우리당, 민주노동당)에게 투표할 확률이 매우 높게 나타났다. 한나라당과 새천년민주당은 전통적으로 영남지역과 호남지역을 대변하는 정당으로 인식되어왔다. 이러한 상황에서 영남지역의 유권자들은 경쟁지역을 대변하는 새천년민주당이 선택대안에 포함되는 경우, 그리고 호남지역의 유권자들은 한나라당이 선택대안에 포함되는 경우 타 정당에게 표를 몰아주는 지역주의적 투표행태의 모습을 17대 총선에서도 보여주었다고 하겠다. 둘째, 민주노동당과 열린우리당이 선택대안이 되었을 경우 지역균열의 효과는 없었던 것으로 나타났다. 이 같은 연구결과는 열린우리당의 경우 지역성을 탈피하여 전국적 정책정당을 표방하면서 창당되었고, 민주노동당의 경우에도 이념적 색채가 강한 관계로 유권자들이 양 정당간의 선택에서 지역균열의 영향을 상대적으로 덜 받았기 때문에 나타났다고 판단된다. 셋째, 한나라당과 민주노동당이 선택대안일 경우 호남지역의 유권자들은 서울·경기지역 유권자들과 비교하여 민주노동당을 지지할 확률이 월등하게 높았던 반면 영남지역 유권자들의 경우 별다른 지역적 차이를 보이지 않았다. 이것은 영남지역에서 한나라당의 아성이 흔들리고 있다는 하나의 증거로 해석될 수 있다. 영남지역에서 한나라당의 아성이 흔들리고 있다는 또 다른 증거는 한나라당과 열린우리당이 선택대안이 되었을 경우에도 일정 정도 나타나고 있다. 왜냐하면 한나라당과 열린우리당이 선택대안이 되었을 경우 영남지역 유권자들은 서울·경기지역 유권자들과 비교하여 열린우리당보다는 한나라당에 투표할 확률이 높게 나왔지만 그 통계적 유의미성이 예상 외로 매우 낮은 것으로 조사되었기 때문이다. 즉 통계적 유의미성이 그리 높지 않다는 것은 17대 총선에서 영남지역 유권자들이 열린우리당보다 한나라당에 투표하고자 하는 성향이 예상만큼 강력하지는 않았다는 점을 시사한다. 넷째, 새천년민주당과 열린우리당이 선택대안이 되었을 경우 호남지역 유권자들은 서울·경기지역 유권자들과 비교하여 열린우리당보다 새천년민주당에 투표할 확률이 높게 나타났다. 호남지역의 경우 17대 총선에서 압도적으로 열린우리당이 우세한 결과가 나타났다는 사실에 비추어볼 때 호남지역 유권자들의 표심이 새천년민주당에 있었다는 이 같은 결과는 다소 의외적인 것으로 볼 여지가 있다. 그러나 호남지역에서 나타난 17대 총선의 결과는 노무현 대통령 탄핵 쟁점의 효과가 절대적인 영향을 미쳤을 가능성이 존재한다. 즉 전통적으로 호남지역을 대변한 새천년민주당이 경쟁지역의 정당인 한나라당과 연합하여 노무현 대통령 탄핵안을 가결시킴에 따라 17대 총선에서 많은 호남지역의 유권자들이 새천년민주당으로부터 이반하여 투표하는 행태를 보였을 가능성이 높다. 실제로 새천년민주당과 열린우리당의 선택대안에서 호남지역의 회귀계수는 탄핵 쟁점의 영향을 통제한 상태에서 호남지역의 종속변수에 대한 독립적 영향으로 이해하여야 하는데, 이 회귀계수는 17대 총선에서 탄핵 쟁점이 없었다면 호남지역 유권자들의 표심은 열린우리당보다는 새천년민주당 쪽에 가까웠을 가능성을 제시하고 있다.

두 번째로 정당투표에서 이념의 변수가 유권자의 지지정당 결정에 미친 영향을 살펴보면 새천년민주당과 열린우리당이 선택대안이 되었을 경우를 제외하고 나머지 모든 경우에서 유권자의 이념적 성향은 정당투표에서 지지정당을 결정하는 데 통계적으로 유의미한 영향을 미치고 있는 것으로 나타났다. 이념적 성향 변수의 승산비를 비교해보면 한나라당 대 민주노동당이 선택대안이 되었을 경우 이념의 효과가 가장 크게 나타나는 것으로 조사되었다(승산비=1.609). 그다음으로 이념적 성향의 영향이 크게 나타난 경우는 한나라당과 열린우리당이 선택대안으로 있을 경우였다(승산비=1.42). 두 경우 모두 이념적 성향이 보수로 갈수록 한나라당에 투표할 확률이 올라가는 것으로 나타났다. 또한 선택대안이 다르게 구성된 경우에도 보수주의자는 선택대안 중 상대적으로 보수적인 정당에, 그리고 진보주의자는 상대적으로 진보적인 정당에 투표할 확률이 높게 나타났다. 예를 들어 민주노동당과 열린우리당이 선택대안인 경우 보수적 성향의 유권자들은 상대적으로 보수적인 열린우리당에 투표할 확률이 높게 나타나고 있다. 요약하자면 17대 총선에서 유권자의 이념적 성향은 정당투표의 지지정당을 결정하는 데 많은 영향을 미쳤으며, 특히 이념적으로 선명히 대조가 되고 있는 정당들이 선택대안일 경우에는 그 영향력이 더욱 커지고 있음을 알 수 있다.

세 번째로 17대 총선의 정당투표에서 세대의 변수가 유권자들의 지지정당 결정에 미친 영향을 살펴보면 전반적으로 세대효과는 한나라당이 두 개의 진보정당인 열린우리당 또는 민주노동당과 매치되었을 때 통계적으로 유의미한 영향을 미치는 것으로 나타났다. 정당투표의 선택대안이 한나라당 대 열린우리당 또는 한나라당 대 민주노동당인 경우 유권자들은 나이가 많을수록 한나라당에, 그리고 나이가 적을수록 열린우리당이나 민주노동당에 표를 던질 확률이 높게 나타났다. 세대효과는 또한 선택대안이 민주노동당 대 새천년민주당으로 이루어졌을 경우에도 나타났다. 비록 그 통계적 유의미성은 약하였지만 기성세대에 속한 유권자일수록 민주노동당보다는 새천년민주당에 투표할 가능성이 높게 나타났다. 그러나 이러한 세대효과는 선택대안이 새천년민주당 대 열린우리당, 민주노동당 대 열린우리당, 그리고 한나라당 대 새천년민주당으로 이루어질 경우에는 통계적으로 유의미한 영향을 미치고 있지 못하는 것으로 나타났다. 이 같은 연구결과는 정당투표에 있어서 이념적으로 비교적 선명하게 대립되고 있는 정당들이 선택대안으로 등장하는 경우에 세대효과가 나타난다는 점을 시사한다.

    마지막으로 노무현 대통령 탄핵 쟁점은 모든 경우에 통계적으로 유의미한 영향을 미치는 것으로 나타났다. 열린우리당이 다른 정당들과 매치를 이루고 있는 모든 경우에서 노무현 대통령 탄핵에 대하여 반대할수록 열린우리당에 표를 던질 확률이 높게 나타났다. 17대 총선에서 노무현 대통령 탄핵에 대하여 대체로 반대하거나 매우 반대한다는 의견을 표명한 유권자들의 비율이 70%가 넘었다는 점을 고려할 때 탄핵의 쟁점이 정당투표에서 열린우리당에게 매우 유리하게 작용하였다고 볼 수 있다. 또한 연구결과를 고려할 때 민주노동당도 노무현 대통령 탄핵의 효과를 톡톡히 보았다고 할 수 있다. 민주노동당이 한나라당이나 새천년민주당과 매치를 이루고 있는 경우에 노무현 대통령 탄핵에 대하여 반대하는 유권자일수록 정당투표에서 민주노동당에 투표할 확률이 높은 것으로 나타났다. 한편 탄핵정국을 주도한 한나라당과 새천년민주당이 선택대안이 되었을 경우 노무현 대통령 탄핵에 대하여 반대하는 유권자일수록 새천년민주당에 표를 던질 확률이 높게 나타났다. 이는 유권자들이 탄핵의 정국을 주도한 정당을 새천년민주당보다는 한나라당으로 파악하고 있다는 점을 간접적으로 시사한다. 또한 탄핵 쟁점의 승산비를 비교해보면 탄핵 쟁점의 강도는 한나라당과 열린우리당이 선택대안이 되었을 때 가장 크게 나타나는 것으로 파악되었다(승산비＝0.190). 반면 민주노동당과 열린우리당이 선택대안이 되었을 때 탄핵 쟁점의 효과는 가장 적었던 것으로 분석되었다(승산비＝0.645). 결론적으로 17대 총선에서 노무현 대통령 탄핵 쟁점은 정당투표에서 유권자들이 지지정당을 결정짓는 주요한 원인 중 하나였으며, 노무현 대통령 탄핵에 반대하는 유권자들의 수가 찬성하는 유권자들의 수보다 월등히 많았다는 점을 감안할 때 탄핵 쟁점의 부수효과는 주로 열린우리당과 민주노동당에 집중되었다고 평가할 수 있다.

Ⅳ. 결론 및 함의

17대 총선에서 1인 2표제가 새롭게 도입됨에 따라 한국의 유권자들은 후보자와 정당에 각각 투표할 수 있는 기회를 갖게 되었다. 뿐만 아니라 비례적으로 의석이 배분되는 정당투표에서 당선가능성에 대한 전략적 고려에서 벗어나 상대적으로 자유로운 입장에서 자신의 순수한 정당선호를 직접적으로 표명할 수 있는 길이 열리게 되었다. 이에 본 연구는 17대 총선을 계기로 후보자투표의 결과를 정당투표의 결과로 의제하지 않고, 한국 유권자들의 순수한 지지정당 결정요인을 분석할 수 있게 되었다는 점에 주목하였다. 그리고 다항 로지스틱 회귀분석을 수행하여 한국의 유권자들이 17대 총선 정당투표에서 어떠한 요인들에 영향을 받아 지지정당을 결정하게 되었는가를 경험적으로 분석해보았다.

연구결과 17대 총선에서 한국의 유권자들은 정당투표의 지지정당을 결정함에 있어 지역균열, 이념, 세대, 탄핵 쟁점의 영향을 받은 것으로 나타났다. 구체적으로 연구결과를 정리하면 첫째, 지역균열과 관련하여 영남지역과 호남지역 사이에 존재하는 배타적 지역정서는 17대 총선에서도 여전히 유효한 것으로 나타났다. 하지만 한편으로 정당투표의 다양한 선택대안들을 고려할 때 이념과 세대의 효과로 인하여 영남지역과 호남지역 내의 동질성은 변화되고 있다는 점도 목격할 수 있었다. 둘째, 이념의 문제와 관련하여 17대 총선에서 1인 2표제의 도입과 정당들 간의 이념적 선명성 경쟁으로 인하여 유권자의 이념적 성향은 정당투표의 지지정당을 결정하는 데 중요한 영향을 미친 것으로 나타났다. 셋째, 세대의 효과와 관련하여 이념적으로 선명하게 대립하는 정당들이 선택대안으로 등장할 경우 정당투표에서 세대의 문제는 유권자들의 지지정당 결정에 중요한 영향을 미치는 것으로 나타났다. 넷째, 탄핵 쟁점은 17대 총선에서 가장 중요한 정치적 쟁점으로 부각되었던 상황 속에서 노무현 대통령 탄핵에 대한 유권자의 입장은 정당투표의 지지정당을 결정하는 데 많은 영향을 미친 것으로 나타났다.

17대 총선의 경우 노무현 대통령에 대한 탄핵안이 국회에서 가결되는 초유의 정치상황 속에서 선거과정이 진행되었기 때문에 향후 실시될 총선의 경우 17대 총선과는 다른 차원의 선거 국면이 전개될 가능성이 높다. 그리고 그 상황에서 민주화 이후 한국 유권자들의 투표결정에 가장 중요한 영향을 미쳤던 지역균열이 어떠한 변화를 보일 것인지, 이념과 세대의 균열이 어떠한 영향을 미칠 것인가 등의 문제는 중요하게 대두될 수 있다고 보인다. 중요한 점은 17대 총선에서 새로 도입된 1인 2표제로 인하여 향후 정당들은 정당투표에서 유권자들의 지지를 얻기 위하여 다양한 이념적·정책적 차별성을 강조하려는 경향을 보일 가능성이 높다는 것이다. 즉 비례적인 방식으로 의석이 배분되는 정당투표의 경우 유권자들은 자신의 정치적 선호를 가장 잘 대변해주는 정당들을 선택하여 순수투표를 할 가능성이 높기 때문에 정당들 스스로도 다양한 이념적·정책적 차별성을 강조하는 노력을 할 가능성이 높다. 17대 총선에서 열린우리당이 기존의 진보세력과 결별을 선언하고 이념적 선명성을 강조함으로써, 그리고 민주노동당은 상대적으로 더욱 진보적인 이미지와 정책으로 유권자들에게 호소함으로써 좋은 성과를 거둘 수 있었던 이유도 이와 같은 점에 기인하는 바가 크다. 다만 한국의 경우 타협의 문화가 정치권에 정착되어 있지 않는 상황 속에서 다양한 정책적·이념적 경쟁과 대립의 심화가 초래할 수 있는 문제점들도 중요하게 부상될 것으로 예상된다. 그러므로 향후 정당들의 정책적·이념적 경쟁이 정쟁(政爭)과 비타협적 갈등의 심화로 이어지지 않고 건설적인 방향에서 한국 정당정치의 발전을 도모할 수 있도록 다각적인 방안들을 강구할 필요가 있다.

참고문헌

강경태. 2004. "17대 총선과 지역주의: 영남권을 중심으로." 『대한정치학회보』 제12
　　집 1호.

강명세. 1996. "제15대 총선에서 나타난 정당 선택과 사회균열구조." 세종연구소 편.
　　『제15대 총선 분석』. 성남: 세종연구소.

강원택. 1998. "유권자의 이념적 성향과 투표행태." 이남영 편. 『한국의 선거 II: 제
　　15대 대통령선거를 중심으로』. 서울: 푸른길.

강원택. 2002a. "유권자의 정치이념과 16대 총선: 지역균열과 이념균열의 중첩?" 진
　　영재 편. 『한국의 선거 IV: 16대 총선을 중심으로』. 서울: 한국사회과학데이
　　타센터.

강원택. 2002b. "세대, 이념과 노무현 현상." 사회과학원. 『계간사상』 제14권 가을호

강원택. 2003. 『한국의 선거정치: 이념, 지역, 세대와 미디어』. 서울: 푸른길.

강원택. 2004. "탄핵 정국과 17대 총선." 한국정치학회 특별학술회의 논문집. 『17대
　　총선 분석: 대통령 탄핵과 향후 정국의 전망』.

고선규. 2002. "일본의 선거제도 개혁과 양당제." 『일본학보』 제51집.

김만흠. 1997. 『한국정치의 재인식: 민주주의 지역주의 지방자치』. 서울: 풀빛.

김순귀 외. 2003. 『SPSS를 활용한 로지스틱 회귀모형의 이해와 응용』 서울: 자유아
　　카데미.

김영태. 2002. "1인 2표제의 제도적 효과와 정치적 영향: 독일·뉴질랜드·일본의
　　경험과 시사점." 진영재 편. 『한국의 선거제도 I』. 서울: 한국사회과학데이
　　터센터.

김일영. 2004. "17대 총선의 의미와 정당체계의 재편 전망." 한국정치학회 총선 분
　　석 특별학술회의 발표논문.

김재한. 1999. "한국의 이념성향과 선거정치." 조중빈 편. 『한국의 선거 III: 1998년 지

방선거를 중심으로』. 서울: 푸른길.

김재한. 2002. "합헌적 비례대표의원 당선결정방식." 진영재 편. 『한국의 선거제도
  Ⅰ』. 서울: 한국사회과학데이타센터.

김재한·경제희. 1998. "선거방식과 전략적 투표." 이남영 편.『한국의 선거 Ⅱ: 제
  15대 대통령선거를 중심으로』. 서울: 푸른길.

김주찬·윤성이. 2003. "2002년 대통령선거에서 이념성향이 투표에 미친 영향."『21
  세기 정치학회보』 제13집 2호.

노병만. 1998. "지역할거주의 정치구조의 형성과 그 원인 분석."『한국정치학회보』
  제32집 1호.

놀렌, 디터(Nohlen, Dieter) 저·박병석 역. 1994.『선거제도와 정당체계: 선거제도의
  정치적 효과』. 서울: 다다.

마인섭. 2003. "정당과 사회균열구조." 심지연 편저.『한국정당정치의 이해』. 서울:
  백산서당.

박상훈. 2001. "한국의 유권자는 지역주의에 의해 투표하나: 제16대 총선의 사례."『한
  국정치학회보』 제35집 2호.

박찬욱. 2004. "제17대 총선에서 2표병립제와 유권자의 분할투표: 선거제도의 미시
  적 효과 분석."『한국정치연구』 제13집 2호.

박찬욱. 1993. "제14대 국회의원 총선거에서의 정당지지 분석." 이남영 편. 『한국의
  선거 Ⅰ』. 서울: 나남.

배 비, 얼(Babbie, Earl) 저·고성호 외 역. 2002.『사회조사방법론』. 서울: 그린.

백준기·조정관·조성대. 2003. "이데올로기와 지역주의, 그리고 2002년 대통령선
  거."『국가전략』. 제9권 4호.

신명순. 1984. "한국의 정치참여와 정치발전." 한국정치학회 편.『한국 정치발전의 특성
  과 전망』 서울: 한국정치학회.

신명순. 1994. "전국구 국회의원제도의 비판적 고찰."『한국정치학회보』 제28집 2호.

신복룡. 1996. "한국의 지역감정의 역사적 배경: 호남 포비아를 중심으로." 한국정치
  학회.『현대 한국정치의 재성찰: 전근대성, 근대성, 탈근대성』. 서울: 한울.

성장환. 2004. "뉴질랜드의 선거제도 개혁과 정치적 변화."『대한정치학회보』 제12
  집 2호.

안순철. 1996. "한국 유권자의 전략적 투표행태."『한국정치학회보』 제30집 2호.

안순철. 1998.『선거체제 비교: 제도적 효과와 정치적 영향』. 서울: 법문사.

안순철. 2001. "한국 정치의 제도적 개혁과 조화: 의원내각제, 다정당체계, 비례대표
    제." 『국가전략』 제7권 4호.

양기호. 1997. "일본 중의원 소선거구제 비판에 관한 일 고찰: '96총선과 新선거제
    도 비판논의를 중심으로." 『한국정치학회보』 제31집 2호.

양재인. 2001. "한국의 선거와 투표행태: 지역주의가 표출된 국회의원선거를 중심으
    로." 『한국과 국제정치』 제17권 1호.

연세대학교 동서문제연구원 · 서강대학교 국제지역연구소. 2004. 『제17대 국회의원선
    거 평가와 정책 제안』. 서울: 수도문화사.

윤성이. 2004. "인터넷과 17대 총선." 한국정치학회 총선 분석 특별학술회의 발표논
    문.

윤종빈. 1999. "한국 국회의원의 지역구활동 정도의 결정원인분석: 커리어 단계를
    중심으로." 『한국정치학회보』 제33집 4호.

윤종빈. 2000. "국회의원의 역할유형에 관한 비교연구: 지역구활동을 중심으로." 『
    한국정치학회보』 제34집 1호.

윤종빈. 2004. "정치관련법 개정과 선거운동의 변화: 정치적 효과와 제도적 한계."
    한국정치학회 특별학술회의 논문집. 『17대 총선 분석: 대통령 탄핵과 향후
    정국의 전망』 (4. 22).

윤종빈. 2004. "정치관계법 개정과 17대 총선." 『한국정당학회보』 제3권 2호.

윤종빈. 2005. "제17대 총선에서 나타난 탄핵 쟁점의 영향력 분석." 『한국정당학회
    보』 제4권 1호.

윤천주. 1981. 『우리나라의 선거실태』. 서울: 서울대학교출판부.

윤천주. 1987. 『한국정치체계: 정치상황과 정치참여』. 서울: 서울대학교출판부.

이갑윤. 1999. 『한국의 선거와 지역주의』. 서울: 오름.

이갑윤. 2002. "지역주의의 정치적 정향과 태도." 『한국과 국제정치』 제18권 2호.

이남영. 1998. "유권자의 지역주의 성향과 투표." 이남영 편. 『한국의 선거 Ⅱ: 제15
    대 대통령선거를 중심으로』. 서울: 푸른길.

이남영. 1999. "1998년 지방선거와 지역주의: 제15대 대통령선거와 비교의 관점에
    서." 조중빈 편. 『한국의 선거 Ⅲ』. 서울: 푸른길.

이숙종. 1996. "정치적 성향과 투표행태." 세종연구소 편. 『제15대 총선 분석』. 성남:
    세종연구소.

이정복. 1992. "한국인의 투표행태: 제14대 총선을 중심으로." 『한국정치학회보』 제

26집 3호.

이준한 · 임경훈. 2004. "과연 '중대선거'인가?: 제17대 국회의원선거에서의 유권자 투표결정요인 분석." 한국정치연구소. 『한국정치연구』 제13집 2호.

이중천. 1995. "한국 유권자의 인물지향적 투표행태 분석: 비판적 고찰." 『동서연구』 제7권.

이현우. 2004. "정당투표제 도입의 정치적 효과." 한국정치학회 총선분석특별학술회의 논문집.

이현출. 2005. "정당 개혁과 지구당 폐지." 『한국정당학회보』 제4권 1호.

임성학. 2002. "제16대 총선 선거자금의 조달과 지출: 인터뷰자료의 분석." 『한국정치학회보』 제36집 3호.

정진민. 1993. "한국사회의 세대문제와 선거." 이남영 편. 『한국의 선거 Ⅰ』. 서울: 나남.

정진민. 1994. "정치세대와 14대 국회의원선거." 『한국정치학회보』 제28집 1호.

정진민. 1992. "한국선거에서의 세대요인." 『한국정치학회보』 제26집 1호.

정진민 · 황아란. 1999. "민주화 이후 한국의 선거정치: 세대요인을 중심으로." 『한국정치학회보』 제33집 2호.

조기숙. 2000. 『지역주의 선거와 합리적 유권자』. 서울: 나남출판.

조기숙 · 김선웅. 2002. "총선연대의 낙선운동이 16대 총선 투표율을 낮추었나?" 『한국정치학회보』 제36집 1호.

조성대. 1999. "Strategic Voting in the 1992 British General Election: The Spatial Theory of Constructung Rank-Ordered Party Preferences." 『국제지역연구』 제3권 1호.

조성대. 2000. "미국 대통령선거에서 제3당 후보 지지자들의 전략적 투표(Strategic Voting)에 관한 연구." 『한국정치학회보』 제34집 2호.

조성대. 2004. "정치이벤트, 정당지지도, 그리고 17대 총선: 집합자료에 나타난 탄핵쟁점과 인물투표." 『21세기 정치학회보』 제14집 3호.

조진만. 2001. "낙선운동이 16대 총선에 미친 영향." 『연세사회과학연구』 제7집.

중앙선거관리위원회. 2004. "정치관계법 국회의결 정치개혁 첫 걸음." 보도자료 (3. 10).

진영재 · 엄기홍. 2002. "낙천 · 낙선운동의 선거적 결과: 선거참여율, 득표, 당락, 그리고 정당지지를 중심으로." 『한국의 선거 Ⅳ』. 서울: 한국사회과학데이터센터.

채장수. 2003. "한국사회에서 좌파개념의 설정."『한국정치학회보』 37집 2호.

최영진. 1999.『한국 지역주의와 정체성의 정치』. 서울: 오름.

최영진. 2001. "제16대 총선과 한국 지역주의 성격."『한국정치학회보』제35집 1호.

최장집. 1996. "이데올로기로서의 지역감정." 최장집.『민주주의의 조건과 전망』. 서울: 나남.

최한수. 1995. "6·27 지방선거의 평가: 정당지지 및 지역주의 실태."『한국정치학회보』제29집 3호.

한국사회과학데이터센터. 2004.『제17대 국회의원선거에 관한 제3차 유권자 의식조사 보고서』. 서울: 한국사회과학데이터센터.

한국심리학회 편. 1988.『심리학에서 본 지역감정』. 서울: 성원사.

한국심리학회 편. 1992.『한국의 지역주의와 지역갈등』. 서울: 성원사.

황아란. 1998. "정당태도와 투표행태." 이남영 편.『한국의 선거 II: 제15대 대통령 선거를 중심으로』서울: 푸른길.

황아란. 2002. "국회의원 선거구제 개편논의에 대한 비판적 고찰." 진영재 편.『한국의 선거 IV: 16대 총선을 중심으로』서울: 한국사회과학데이타센터.

Aldrich, John H., John L. Sullivan, and Eugene Borgida. 1989. "Foreign Affairs and Issue Voting: Do Presidential Candidates 'Waltz Before a Blind Audience'?" *American Political Science Review* 83: 123-141.

Abramson, Paul R., John H. Aldrich, Phil Paolino, and David Rohde. 1995. "Third-Party and Independent Candidates in American Politics: Wallace, Anderson, and Perot." *Political Science Quarterly* 110: 349-367.

Arrow, Kenneth. 1963. *Social Choice and Individual Values*. New Haven: Yale University Press.

Axelord, Robert. 1970. *Conflict of Interest: A Theory of Divergent Goals with Applications to Politics*. Chicago: Markham.

Banducci, Susan A., Todd Donovan, and Jeffrey A Karp. 1999. "Proportional Representation and Attitudes about Politics: Results from New Zealand." *Electoral Studies* 18: 533-555.

Beck, P. A., L Baum, A. R. Clausen, and C. E. Smith. 1992. "Patterns and Sources of Ticket Splitting in Subpresidential Voting." *American Political Science Review*

86: 916-928.

Berelson, Bernard R., Paul F. Lazarsfeld, and William N. McPhee. 1954. *Voting*. Chicago: Chicago University Press.

Blais, André and Richard Nadeau. 1996. "Measuring Strategic Voting: A Two-Step Procedure." *Electoral Studies* 15: 39-52.

Budge, Ian. 2000. "Expert Judgements of Party Policy Positions: Uses and Limitations in Political Research." *European Journal of Political Research* 37: 103-113.

Cain, Bruce E. 1978. "Strategic Voting in Britain." *American Journal of Political Science* 22: 639-655.

Cain, Bruce E. 1979. "The House Is Not a Home: British MPs in Their Constituencies." *Legislative Studies Quarterly* 4: 501-523.

Cain, Bruce E. 1984. "The Constituency Service Basis of the Personal Vote for U.S. Representatives and British Members of Parliament." *American Political Science Review* 78: 110-125.

Cain, Bruce E., John A. Ferejohn and Morris P. Fiorina. 1987. *The Personal Vote*. Cambridge: Harvard University Press.

Campbell, Augus, Philip E. Converse, Warren E. Miller, and Donald E. Stokes. 1960. *The American Voter*. New York: Wiley.

Campbell, Augus and Warren. E. Miller. 1957. "The Motivational Basis of Straight and Split-Ticket Voting." *American Political Science Review* 51: 293-312.

Carmines, Edward G. and James A. Stimson. 1980. "The Two Faces of Issue Voting." *American Political Science Review* 74: 78-91.

Castles, Francis and Peter Mair. 1984. "Left-Right Political Scales: Some 'Expert' Judgments." *European Journal of Political Research* 12: 73-88.

Christensen, Raymond V. 1996. "The New Japanese Election System." *Pacific Affairs* 69: 49-70.

de Swann, Abram. 1973. *Coalition Theories and Cabinet Formations: A Study of Formal Theories of Coalition Formation Applied to Nine European Parliaments after 1918*. Amsterdam: Elsevier.

Dexter, Lewis Anthony. 1969. *The Sociology and Politics of Congress*. Chicago: Rand

McNally.

Downs, Anthony. 1957. *An Economic Theory of Democracy*. New York: Harper & Row.

Duverger, Maurice. 1954. *Political Parties: Their Organization and Activity in the Modern State*. London: Methuen.

Dye, Thomas, and Harmon Zeigler. 1996. *The Irony of Democracy: An Uncommon Introduction to American Politics*. 10th ed. Belmont: Wadsworth Publishing Company.

Ehrenhalt, Alan. 1991. *United States of Ambition: Politicians, Power, and the Pursuit of Office*. New York: Random House.

Farrell, David M. 1997. *Comparing Electoral Systems*. New York: Prentice Hall.

Fenno, Richard F. Jr. 1978. *Home Style: House Members in Their Districts*. Boston: Little Brown Company.

Ferejohn, John. A. and Morris P. Fiorina. 1974. "The Paradox of Not Voting: A Decision Theoretic Analysis." *American Political Science Review* 68: 525-536.

Festinger, Leon. 1957. *A Theory of Cognitive Dissonance*. New York: Row, Peterson.

Fiorina, Morris P. 1981. *Retrospective Voting in American National Elections*. New Haven: Yale University Press.

Fiorina, Morris P. 1977. *Congress: Keystone of the Washington Establishment*. New Haven: Yale University Press.

Gschwend, Thomas, Ron Johnston, and Charles Pattie. 2003. "Split- Ticket Patterns in Mixed-Member Proportional Election Systems: Estimates and Analyses of Their Spatial Variation at the German Federal Election, 1998." *British Journal of Political Science* 33: 109-127.

Gujarati, Damodar N. 1995. *Basic Econometrics*. New York: McGraw- Hill, Inc.

Huber, John D. and Ronald. Inglehart. 1995. "Expert Interpretations of Party Space and Party Locations in 42 Societies." *Party Politics* 1: 73-111.

Jesse, Eckhard. 1988. "Split-Voting in the Federal Republic of Germany: An Analysis of the Federal Elections from 1953 to 1987." *Electoral Studies* 7: 109-124.

Johnston, R. J. and C. J. Pattie. 2002. "Campaigning and Spilt-Ticket Voting in New

Electoral Systems: The First MMP Elections in New Zealand, Scotland, and Wales." *Electoral Studies* 21: 583-600.

Karp, Jeffrey A. and Susan A. Banducci. 1999. "The Impact of Proportional Representation on Turnout: Evidence from New Zealand." *Australian Journal of Political Science* 34: 363-377.

Karp, Jeffery A., Jack Vowles, Susan A. Banducci, and Todd Donovan. 2002. "Strategic Voting, Party Activity, and Candidate Effects: Testing Explanations for Spilt Voting in New Zealand's New Mixed System." *Electoral Studies* 21: 1-22.

Key, V. O. 1949. *Southern Politics in State and Nation.* New York: Knopf.

Key, V. O. 1955. "A Theory of Critical Elections." *The Journal of Politics* 17: 3-18.

Key, V. O. 1966. *Public Opinion and American Democracy.* New York: Knopf.

Kim, Chong Lim and Donald P. Racheter. 1973. "Candidates' Perception of Voter Competence: A Comparison of Winning and Losing Candidates." *American Political Science Review* 67: 906-913.

Kim, Wang Sik. 2005. "The New Mixed Electoral System in Korea: Ticket Splitting, Party Arrangement and Voting Turnout." *Korean Political Science Review* 39: 95-112.

Kingdon, John W. 1967. "Politicians' Beliefs about Voters." *American Political Science Review* 61: 137-145.

Kohno, Masaru. 1997. "Voter Turnout and Strategic Ticket-Splitting under Japan's New Electoral Rules." *Asian Survey* 37: 429-440.

Kostadinova, Tatiana. 2002. "Do Mixed Electoral Systems Matter?: A Cross-National Analysis of Their Effects in Eastern Europe." *Electoral Studies* 21: 23-34.

Kramer, Gerald H. 1971. "Short-Term Fluctuations in U.S. Voting Behavior, 1896-1964." *American Political Science Review* 65: 131-143.

Lanoue, David J. and Shaun Bowler. 1992. "The Sources of Tactical Voting in British Parliamentary Elections, 1983-1987." *Political Behavior* 14: 141-157.

Lazarsfeld, Paul, Bernard Berelson, and Helen Gaudet. 1944. *The People's Choice.* New York: Columbia University Press.

Leiserson, Michael. 1968. "Factions and Coalitions in One-Party Japan." *American Political Science Review* 62: 770-787.

Liao, Tim Futing. 1994. *Interpreting Probability Models: Logit, Probit, and Other Generalized Linear Models*. Thousands Oaks, California: SAGE Publications, Inc.

Lijphart, Arend. 1994. *Electoral Systems and Party Systems: A Study of Twenty-Seven Democracies 1945-1990*. New York: Oxford University Press.

Lipset, Seymour Martin and Stein Rokkan. eds. 1967. *Party System and Voter Alignments: Cross-National Perspectives*. New York: Free Press.

Marcuse, Gregory B. and Philip E. 1979. "A Dynamic Simultaneous Equation Model of Electoral Choice." *American Political Science Review* 73: 1055-1070.

Maslow, Abraham H. 1954. *Motivation and Personality*. New York: Harper.

Massicotte, Louis and André Blais. 1999. "Mixed Electoral System: A Conceptual and Empirical Survey." *Electoral Studies* 18: 341-366.

Mayhew, David. 1974. *The Electoral Connection*. New Haven: Yale University Press.

Mayhew, David. 2002. *Electoral Realignments: A Critique of an American Genre*. New Haven: Yale University Press.

McAllister, Ian, and Stephen White. 2000. "Split Ticket Voting in the 1995 Russian Duma Elections." *Electoral Studies* 19: 563-576.

Miller, Warren E., and Donald E. Stokes. 1963. "Constituency Influence in Congress." *American Political Science Review* 57: 45-56.

Moser, Robert G., and Ethan Scheiner. 2004. "Mixed Electoral Systems and Electoral System Effects: Controlled Comparison and Cross- National Analysis." *Electoral Studies* 23: 575-599.

Nagel, Jack H. 1994. "What Political Scientists Can Learn from the 1993 Electoral Reform in New Zealand." *Political Science and Politics* 27: 525-529.

Nishikawa, Misa, and Erik S. Herron. 2004. "Mixed Electoral Rules' Impact on Party System. *Electoral Studies* 23: 753-768.

Norris, Pippa. 2004. *Electoral Engineering: Voting Rules and Political Behavior*. Cambridge: Cambridge University Press.

Ordeshook, Peter C. and Langche Zeng. 1997. "Rational Voters and Strategic Voting: Evidence from the 1968, 1980, and 1992 Elections." *Journal of Theoretical Politics* 9: 167-187.

Page, Benjamin I. and Richard A. Brody. 1972. "Policy Voting and the Electoral Process: The Vietnam War Issue." *American Political Science Review* 66: 1071-1090.

Page, Benjamin I. and Calvin C. Jones. 1979. "Reciprocal Effects of Policy Preferences, Party Royalties, and the Vote." *American Political Science Review* 73: 1071-1090.

Parker, Glenn R. 1980. "Sources of Change in Congressional District Attentiveness." *American Journal of Political Science* 24: 115-124.

Parker, Glenn R. and Roger H. Davidson. 1979. "Why Do American Love Their Congressmen so Much More than Their Congress?" *Legislative Studies Quarterly* 4: 53-61.

Rabinowitz, George and Stuart Elaine Macdonald. 1989. "A Directional Theory of Issue Voting." *American Political Science Review* 81: 93-121.

Rae, Douglas W. and Michael Taylor. 1970. *The Analysis of Political Cleavages*. New Haven: Yale University Press.

Reed, Steven R. 1999. "Strategic Voting in the 1996 Japanese General Election." *Comparative Political Studies* 32: 257-270.

RePass, David E. 1971. "Issue Salience and Party Choice." *American Political Science Review* 65: 389-400.

Riker, William. 1982. *Liberalism Against Populism: A Confrontation Between the Theory of Democracy and the Theory of Social Choice*. Prospect Heights, Illinois: Waveland Press, Inc.

Riker, William and Peter C. Ordeshook. 1968. "A Theory of the Calculus of Voting." *American Political Science Review* 62: 25-43.

Rintala, Marvin. 1979. *The Constitution of Silence: Essays on Generational Themes*. Westport: Greenwood.

Rosenstone, Steven, and John Mark Hansen. 1993. *Mobilization, Participation, and Democracy in America*. New York: Macmillan Publishing Company.

Schattschneider, E. E. 1960. *The Semisovereign People*. Fort Worth: HBJ College Publishers.

Schoen, Harald. 1999. "Split-Ticket Voting in German Federal Elections, 1953-90: An

Example of Sophisticated Balloting?" *Electoral Studies* 18: 473-496.

Seligmann, Albert L. 1997. "Japan's New Electoral System: Has Anything Changed?" *Asian Survey* 37: 409-428.

Shugart, Matthew Soberg. 2001. "Electoral "Effiency" and the Move to Mixed Member Systems." *Electoral Studies* 20: 173-193.

Shugart, Matthew Soberg and Martin P. Wattenberg. eds. 2001. *Mixed-Member Electoral Systems: The Best of Both World*? New York. Oxford University Press.

Silbey, Joel. 1991. "Beyond Realignment and Realignment Theory: American Political Eras, 1789-1989." Byron E. Shafer ed. *The End of Realignment*?: *Interpreting American Electoral Eras*. Madison, Wisconsin: The University of Wisconsin Press

Sniderman, Paul M. and Jack Citrin. 1971. "Psychological Sources of Political Belief: Self-Esteem and Isolationist Attitudes." *American Political Science Review* 65: 401-417.

Stanley, Harold W. and Richard G. Niemi. 1991. "Partisanship and Group Support, 1952-1988." *American Politics Quarterly* 19: 189-210.

Taagepera, Rein and Matthew Shugart. 1989. *Seats and Votes*: *The Effects and Determinants of Electoral Systems*. New Haven: Yale University Press.

Vowels, Jack. 2000. "Introducing Proportional Representation: The New Zealand Experience." *Parliamentary Affairs* 53: 680-696.

Ware, Alan. 1996. *Political Parties and Party Systems*. New York: Oxford University Press.

∷ 조진만(趙眞晚)

2004년 연세대학교에서 "'정치체계'의 특성과 의회 입법수행능력: 55개국 교차국가분석" 논문으로 정치학 박사학위를 취득하였고, 현재 연세대학교 리더십센터 교육전문연구원으로 재직 중이다. 전공분야는 비교정치(의회와 선거)이며, 민주주의 국가들의 정치제도와 정치과정에 관심을 가지고 연구를 진행하고 있다. 주요 연구물로는 "한국 재·보궐선거의 결정요인 분석"『한국정치학회보』제40집 2호 (2006), "민주주의 공고화의 관점에서 본 정치관계법 개정의 효과: 성과와 한계에 대한 경험적 분석"『사회과학연구』제14집 2호 (2006), "정치체계의 특성과 의회의원의 법안 발의: 31개 민주국가 교차분석"『의정연구』제11권 1호 (2005), "19세기 말 조선의 'franchise'(參政權) 개념에 대한 인식과 수용"『한국정치학회보』제35집 2호 (2001), "경제적 위기와 정치적 결과: 한국과 말레이시아"『동남아시아연구』제12권 1호 (2002) 등이 있다.

∷ 최준영(崔峻榮)

2003년 미국 플로리다주립대학(Florida State University)에서 "Servants vs. Shirkers: Political Individuality in Congressional Voting"으로 정치학 박사학위를 취득하였고, 현재 인하대학교 정치외교학과 전임강사로 재직 중이다. 전공분야는 미국 정치(의회와 정당)이며, 정치학방법론과 정치과정이 주요 관심 주제이다. 대표적인 연구물로는 "Barriers to Competition and the Effect on Political Shirking: 1953-1992" *Public Choice* 126 (2006), "Increasing Distrust of the USA in South Korea" *International Political Science Review* 27 (2006), "조건적 정당정부 이론에 대한 경험적 고찰"『국제정치논총』제44집 1호 (2004), "미 하원의원들의 투표행태에 관한 연구: 정치적 개인성(Political Individuality)을 중심으로"『한국정치학회보』38집 2호 (2004), "의원발의의 동인에 대한 경험적 분석: 사건계수 분석기법(Event Count Analysis)을 중심으로"『21세기정치학회보』제16집 2호 (2006) 등이 있다.

선거제도의 변화와 17대 총선

• 초판 인쇄	2006년 12월 30일
• 초판 발행	2006년 12월 30일
• 지 은 이	조진만 · 최준영
• 펴 낸 이	채종준
• 펴 낸 곳	한국학술정보㈜
	경기도 파주시 교하읍 문발리 526-2
	파주출판문화정보산업단지
	전화 031) 908-3181(대표) · 팩스 031) 908-3189
	홈페이지 http://www.kstudy.com
	e-mail(출판사업팀사업부) publish@kstudy.com
• 등 록	제일산-115호(2000. 6. 19)
• 가 격	12,000원

ISBN   89-534-6152-9 93340 (Paper Book)
        89-534-6153-7 98340 (e-Book)